당신의 가장 아름다운 날을
선물합니다.

_____에게

일러두기

- 이 책에 수록된 시는 작품이 수록된 시집이나 전집, 최초로 발표된 지면을 원본으로 삼았습니다.
- 원문 그대로를 살려 싣되, 맞춤법과 띄어쓰기는 현행 표기법에 따르는 것을 원칙으로 했습니다.
- 시인이 의도적으로 선택한 비표준어와 문법적 오류는 최대한 원문대로 살려 실었습니다.
- 원래 작품에 적힌 한자는 모두 한글로 바꾸고 필요한 경우에만 괄호 안에 넣었습니다.

시 읽기
좋은 날

시 읽기 좋은 날

2011년 12월 24일 초판 1쇄 | 2021년 01월 11일 19쇄 발행

지은이 김경민　**사진** 박민석
펴낸이 김상현, 최세현　**경영고문** 박시형

마케팅 양근모, 권금숙, 양봉호, 임지윤, 이주형, 조히라, 유미정, 전성택
디지털콘텐츠 김명래　**경영지원** 김현우, 문경국
해외기획 우정민, 배혜림　**국내기획** | 박현조
펴낸곳 (주)쌤앤파커스　**출판신고** 2006년 9월 25일 제406-2006-000210호
주소 서울시 마포구 월드컵북로 396 누리꿈스퀘어 비즈니스타워 18층
전화 02-6712-9800　　**팩스** 02-6712-9810　**이메일** info@smpk.kr

ⓒ 김경민 (저작권자와 맺은 특약에 따라 검인을 생략합니다)
ISBN 978-89-6570-049-4(03810)

- 이 책은 저작권법에 따라 보호받는 저작물이므로 무단전재와 무단복제를 금지하며, 이 책 내용의 전부 또는 일부를 이용하려면 반드시 저작권자와 (주)쌤앤파커스의 서면동의를 받아야 합니다.
- 이 책의 국립중앙도서관 출판시도서목록은 서지정보유통지원시스템 홈페이지(http://seoji.nl.go.kr)와 국가자료공동목록시스템(http://www.nl.go.kr/kolisnet)에서 이용하실 수 있습니다.
  (CIP제어번호 : 2013009378)

- 잘못된 책은 구입하신 서점에서 바꿔드립니다.
- 책값은 뒤표지에 있습니다.

쌤앤파커스(Sam&Parkers)는 독자 여러분의 책에 관한 아이디어와 원고 투고를 설레는 마음으로 기다리고 있습니다. 책으로 엮기를 원하는 아이디어가 있으신 분은 이메일 book@smpk.kr로 간단한 개요와 취지, 연락처 등을 보내주세요. 머뭇거리지 말고 문을 두드리세요. 길이 열립니다.

시 읽기 좋은 날

김경민 지음

차례

프롤로그   〈플란다스의 개〉는 왜 그렇게 슬펐던 걸까___10

1 너를 향한 눈빛

첫 번째 눈빛. 사랑, 아프지만 계속 아프고 싶은 병

서시(이성복) / 나의 모든 감각을 열어주는 당신___20
너를 기다리는 동안(황지우) / 기다림, 그 황홀한 고통___26
즐거운 편지(황동규) / 사소함으로 인해 뜨거워진 사랑___32
바람 부는 날(김종해) / 내 사랑은 나 말고는 아무도 모른다___38
어린것(나희덕) / 가장 크고 가장 아픈 사랑___44

두 번째 눈빛. 이 이별 앞에서 어찌할 것인가

빈집(기형도) / 문은 어느 쪽에서 잠갔을까___52
서해(이성복) / 오직 당신으로 인해 특별한 곳___56
진달래꽃(김소월) / 세상에서 가장 아름다운 이별___62
선운사에서(최영미) / 헤어짐보다 어려운 잊기___66
원시(遠視)(오세영) / 헤어짐과 멀어짐___70

세 번째 눈빛. 태초에 관계가 있었다

꽃(김춘수) / '아는 사람' 과 '친구' 의 경계___78

그 복숭아나무 곁으로(나희덕)
/ 내가 미처 보지 못한 빛깔들, 읽지 못한 마음들 ___84
사랑법(강은교) / 상대를 실눈으로 봐야 하는 이유 ___88
강(황인숙) / 제발 징징대지 좀 말자 ___94
병원(윤동주) / 타인의 고통에 대해 잘난 척하지 않기 ___98

2 나를 향한 응시

첫 번째 응시. 내가 누구인지 말할 수 있는 자는 누구인가

자화상(서정주) / 솔직한 고백의 한계와 힘 ___110
일찍이 나는(최승자) / 위악 뒤에 숨은 진심 ___116
거울(이상) / 내 안의 또 다른 나 ___122
등(이형기) / 내 뒷모습의 표정 ___126
난 나를 본 적이 없다(이승훈) / 누군가의 눈동자 속에 비친 나 ___132

두 번째 응시. 내 마음의 주인 되기, 그 어려움에 대하여

가는 길(김소월) / 좀 쿨하지 못하면 어때? ___140
밤에 용서라는 말을 들었다(이진명) / 괴물이 되지 않기 위해 ___146
질투는 나의 힘(기형도) / 나를 주저앉히면서 일으키는 힘, 열등감 ___150
어느 날 고궁을 나오면서(김수영) / 참을 수 없는 존재의 찌질함 ___156
울음이 타는 가을 강(박재삼) / 슬퍼서 아름다운, 혹은 아름다워서 슬픈 ___162

세 번째 응시. 나를 지탱해주는 것

남신의주유동박시봉방(백석) / 나를 끌어가는 더 크고 높은 것___170
눈물(김현승) / 나의 눈물을 지어주시고 받아주실 분___176
절정(이육사) / 성냥팔이 소녀가 마지막에 본 것___182
꿈, 견디기 힘든(황동규) / 신분증에 채 안 들어가는 삶의 전부___188
생의 감각(김광섭) / 일상, 그 눈부신 기적___192

3 세상을 향한 목소리

첫 번째 목소리. 지금 세상 어디선가 누군가 울고 있다

슬픔을 위하여(정호승) / 슬픔이 눈물이 아니라 칼인 이유___202
거미(이면우) / 먹고산다는 것의 엄숙함___206
곡비(哭婢)(문정희) / 타인을 위해 울 수 있는 능력___212
묵화(墨畵)(김종삼) / 어찌할 수 없는 적막함___216
겨울 강가에서(안도현) / 이어짐의 신비여!___222

두 번째 목소리. 세상을 건강하게 만드는 불온함

세상에서 가장 무거운 싸움 2(김승희)
/ 이제 아무도 원숭이 말을 듣지 않아요___230

독수리 오형제(권혁웅) / 그들은 왜 불새가 되었나 ___ 236
새들도 세상을 뜨는구나(황지우) / 새들만도 못했던 우리 ___ 242
팔당대교 이야기(박찬일) / 웃기고 슬프고 무서운 ___ 248
이탈한 자가 문득(김중식) / 스펙의 굴레에서 벗어나기 ___ 254

세 번째 목소리. 슬픔과 분노, 사랑의 다른 이름

사랑(박노해) / 일치를 향한 확연한 갈라섬 ___ 262
슬픔이 기쁨에게(정호승) / 이제 너에게도 슬픔을 주겠다 ___ 268
우리 동네 구자명 씨(고정희) / 차라리 남이 낫지! ___ 272
독(毒)을 차고(김영랑) / 착함과 독함 ___ 276
껍데기는 가라(신동엽) / 아름다운 선동 ___ 282

네 번째 목소리. 시대가 부여한 사명

간(윤동주) / 정신 차린 토끼와 지독한 프로메테우스 ___ 290
광야(이육사) / 잊을 수 없는 인격 ___ 296
묘비명(김광규) / 배워서 남 주자! ___ 302
폭포(김수영) / 제 피에 취한 늑대가 되지 않기 위해 ___ 308
담쟁이(도종환) / 절망을 넘어가는 방법 ___ 312

에필로그   詩, 진실하고 필요하며 친절한 말 ___ 316

프롤로그

〈플란다스의 개〉는 왜 그렇게 슬펐던 걸까

아홉 살 때 〈플란다스의 개〉를 읽은 후 한 동안 힘들었다. 이건 그 전에 읽었던 착한 사람은 복을 받고, 나쁜 사람은 벌을 받는 이야기, 혹은 예쁘고 착한 여자가 멋진 왕자와 결혼하는 따위의 해피엔딩 동화와는 뭔가 질적으로 다르게 느껴졌기 때문이다. 말하자면 이 〈플란다스의 개〉는 나에게 최초의 문학적 정서체험을 선사했던 셈인데, 그 체험의 강렬함이 아홉 살 꼬마가 감당하기에는 좀 컸다.

이 동화는 나에게 세상엔 '어찌할 수 없는 슬픔'이 있다는 걸, 문학은 그걸 감추지 않고 기어이 드러내기에 문학 작품을 읽다 보면 때때로 가슴이 저릴 정도로 아프다는 걸 느끼게 해주었다. 또한 그 아픔엔 슬픔뿐 아니라 마약 같은 중독성과 모종의 희열과 설명할 수 없는 아름다움도 함께 들어 있음을 어렴풋하게나마 알게 해주었다(물론 이건 어디까지나 지금 생각해보니 그렇다는 것이고, 당시의 난 그저 네로와 파트라슈가 너무 불쌍해 마냥 눈물이 났다).

읽은 뒤에 밀려오는 감정의 압도성과 그 감정을 제대로 따라잡을 수 없는 언어의 빈곤함 말고도 나를 안타깝게 만드는 것이 하나 더 있었으니, 바로 그 감정을 공유할 사람이 없다는 현실이었다. 아홉 살 아이의 눈치로도 부모님을 비롯한 어른들은 너무 바빠 보였고, 내가 기대하는 만큼 진지하게 내 얘기를 들어줄 것 같지 않았다. 함께 고무줄놀이, 공기놀이를 하는 친구들은 이런 나를 뜬금없다고 여기거나 잘난 척한다고 말할 것 같았다. 선생님이 검사하는 일기장이나 숙제로 내야 하는 독후감에다가 쓰자니, 어쩐지 그렇게 하면 나의 감정들이 훼손될 것만 같은 느낌이 들었다(지나치게 걱정이 많은 꼬마다!).

원고를 다 쓰고 난 후 '난 왜 이 책을 쓰게 되었을까'에 대해 곰곰 생각했다. 이런저런 이유가 있지만 가장 근본적인 그 무엇으로 파고들자 머릿속에 떠오른 것은 이 아홉 살 때의 기억. 내가 무언가를 읽고 느낀 것을 다른 누군가와 공유하고 싶은 욕망, 그리고 그 과정을 통해 나의 느낌을 더욱 풍부하고 구체적인 언어로 표현하고 싶은 열망. 이것이 27년이 지난 후에야 이 책을 쓰게 만든 가장 큰 동력이었다.

이 책에 실린 시는 총 50편으로, 크게 '너를 향한 눈빛', '나를 향한 응시', '세상을 향한 목소리'로 분류되었다. 논리적 순서를 따르자면 '나를 향한 응시'가 먼저 나오고 '너를 향한 눈빛'이 그 뒤를 따라야 하겠지만 이 책은 논리적 순서가 아닌 심리적 흐름을 따랐다. 대개 우리가 시를 읽고 쓰고 싶은 충동에 휩싸이는 최초의 순간은 언제였던가. 그건 나에게 의미 있는 '눈빛'이 다가올 때, 그 눈빛이 보내는 암호를 풀고 싶어 안달 나고, 그 눈빛이 선사하는 환희에 어쩔 줄을 모르고, 그 눈빛의 무심함에 고통 받아 몸부림칠 때가 아니었던가.

이 책에 실린 작품들 가운데 상당수는 우리가 이미 중고등학생 시절 교과서에서 배웠던 작품들이다. 그리고 이 작품들은 적어도 내가 생각하기엔 많은 이들에게 존중과 경탄을 받아 마땅한, 혹은 어떤 이들에겐 충분히 '제2의 플란다스의 개'가 될 수 있는 것이다. 시인을 위해서가 아니라 바로 우리 자신을 위해서 말이다. 하지만 모두 알다시피 현실은 그렇지 못하다. 이에 대해 흔히 '문제 풀이'라는, 지극히 시적이지 않은 방식으로 시를 접할 수밖에 없었던 입시 위주의 왜곡된 교육 현실에서 그 원인을 찾곤 한다. 물론 타당한 지적이지만 이는 어디까지나 원인의 부분이지 전체는 아니다. 이 작품들을 배운 학생이자 가르친 교사의 경험적 진실을 말하건대, 이 작품들이 선사하는 감성과 통찰은 중고등학생들이 그 나이에 온전히 이해하고 공감하기엔 힘든 부분이 있다. 그러기에 지금이라도 이 작품들을 읽는다는 것은 우리에게 주어졌으되 제대로 살아내지 못했던 시간을 되찾는 의미가 있으며, 우리의 삶을 조금이나마 완전하게 하는 일이 되리라 믿는다.

이 작은 책이 세상에 나오는 데도 많은 이들의 도움이 있었다. 먼저 이 책에 수록된 50편의 시를 쓴 40명의 시인들에게 감사드린다. 시를 읽고 있으면 그들이 참 숭고한 존재라는 느낌이 든다.
이 원고를 말 그대로 '발견'해준 정현미 팀장에게 진심 어린 고마움을 전한다. 책을 쓰는 사람에게 유능한 편집자를 만나는 것이 얼마나 복된 일인가를 이번에 알게 되었다.
한 남자가 한 여자를 진심으로 아끼는 것이 무엇인지를 알게 해주는 남편과 지금의 나에게 자긍과 겸손의 축복을 동시에 선사하는 아들 비주에게 뜨거운 사랑의 말을 전한다. 또한 남편과 아들을 이 세상에 있게 해주시고 부족하기 짝이 없는 며느리를 언제나 아끼고 배려해주시는 시부모님께도 존경과 감사의 말씀을 올린다.
아이를 키우면서 알게 되었다. 아이는 내 능력으로 키우는 것이 아님을. 내 자식은 내 부모가 나를 키울 때 쏟은 인내와 희생의 힘이 나도 모르게 전해져 스스로 자란다는 것을. 이 세상에 나 자신보다 더 나를 걱정해주는 존재가 있다는 사실은 얼마나 벅찬 은혜인가. 나에게 생명을 주신 사랑하는 두 분께 이 책을 바친다.

1

너를 향한 눈빛

첫 번째 눈빛.

사랑,
아프지만
계속 아프고 싶은
병

마리오
전 사랑에 빠졌어요.
네루다
심각하지 않아. 치료약이 있어.
마리오
치료하고 싶지 않아요. 계속 아프고 싶어요.

영화 〈일 포스티노〉 중에서

서시

이성복

간이식당에서 저녁을 사 먹었습니다
늦고 헐한 저녁이 옵니다
낯선 바람이 부는 거리는 미끄럽습니다
사랑하는 사람이여, 당신이 맞은편 골목에서
문득 나를 알아볼 때까지
나는 정처 없습니다
당신이 문득 나를 알아볼 때까지
나는 정처 없습니다
사방에서 새 소리 번쩍이며 흘러내리고
어두워 가며 몸 뒤트는 풀밭,
당신을 부르는 내 목소리
키 큰 미루나무 사이로 잎잎이 춤춥니다

나의 모든 감각을 열어주는 당신

피겨 스케이팅 경기를 넋 놓고 바라보다가 문득 든 생각. 지금 막 누군가를 짝사랑하게 된 사람의 내면 상태를 시각화하면 딱 저런 모습이 아닐까. 갖가지 황홀한 동작은 찬탄을 자아내기에 충분하다. 다만 그 찬탄의 기반을 이루는 건 위태로움과 그로 인한 조마조마함이다. 스케이터가 높이 날아올랐다가 착지할 곳은 땅이 아닌 빙판이지 않은가. 넘어져서 바닥을 구르는 건 순식간이다.

누군가를 짝사랑하는 사람(나)의 심정은 마치 칼날 하나로 겨우 버티며 혼자 빙판에 서 있는 것 같다. 서 있는 것만으로도 충분히 힘들 건만 회전과 점프까지 반복해야 한다. 한시라도 빨리 사랑하는 사람(당신)의 눈에 띄어야 하기에. 오직 당신만이 이런 나를 다시는 넘어지지 않게 잡아줄 수 있다. 때는 이미 저녁. 더 어두워져 아무것도 보이지 않는 캄캄한 밤이 되기 전에 당신은 반드시 나를 알아봐야 한다. 당신을 부르는 내 목소리를 기필코 들어야 한다. 당신이 내 손을 잡아주고 내 목소리에 응답할 때, 그때서야 나는 비로소 이 '정처 없음'에서 벗어날 수 있기에.

사정이 이러니 나의 몸을 이루는 모든 세포의 안테나가 당신을 향할 수밖에. 실제로 누군가를 사랑하게 되는 순간 그 누군가를 둘러싼 모든 것들에 온 감각이 열리는 신비 체험을 하게 되지 않던가. '새 소리 번쩍이며 흘러내리'는 것이 느껴지고, 풀밭이 '어두워가며 몸 뒤트는' 것까지 감지될 만큼.

> 내 살아 있는 어느 날 어느 길 어느 길목에서
> 너를 만날지 모르고 만나도 내 눈길을 너는 피할 테지만
> 그날, 기울던 햇살, 감긴 눈, 긴 속눈썹, 벌어진 입술,
> 캄캄하게 낙엽 구르는 소리, 나는 듣는다
>
> — 이성복, 〈연애에 대하여〉
> 《뒹구는 돌은 언제 잠 깨는가》, 문학과지성사, 1980) 중에서

아! 당신은 나로 하여금 '낙엽 구르는 소리'도 듣게 만드는 절대 권능을 지닌 존재. 그러니 이 '미끄러운 거리'에 '정처 없이' 서 있는 나를 어서 속히 알아봐주시길.

네가 오기로 한 그 자리에
내가 미리 가 너를 기다리는 동안
다가오는 모든 발자국은
내 가슴에 쿵쿵거린다
바스락거리는 나뭇잎 하나도 다 내게 온다
기다려본 적이 있는 사람은 안다
세상에서 기다리는 일처럼 가슴 애리는 일 있을까
네가 오기로 한 그 자리, 내가 미리 와 있는 이곳에서
문을 열고 들어오는 모든 사람이
너였다가
너였다가, 너일 것이었다가
다시 문이 닫힌다
사랑하는 이여
오지 않는 너를 기다리며
마침내 나는 너에게 간다
아주 먼 데서 나는 너에게 가고
아주 오랜 세월을 다하여 너는 지금 오고 있다
아주 먼 데서 지금도 천천히 오고 있는 너를
너를 기다리는 동안 나도 가고 있다
남들이 열고 들어오는 문을 통해
내 가슴에 쿵쿵거리는 모든 발자국 따라
너를 기다리는 동안 나는 너에게 가고 있다.

기다림, 그 황홀한 고통.

누군가를 가장 오래 기다려본 시간이 얼마였던가. 난 정확히 한 시간 50분이었다(한 여섯 시간 정도였으면 훨씬 더 드라마틱했겠지만). 혼자 마음속으로만 좋아하던 동아리 선배였는데 그 선배가 먼저 만나자는 말을 했다. 그 말에 기뻐 날뛰고 싶은 기색을 감추기 위해 얼마나 사력을 다해 연기했던가. 그런데 약속 시간이 지나도 그는 오지 않았다. 하필 약속 장소는 어느 카페 앞(안이 아니라!)이었고, 설상가상으로 장대비까지 내리는 상황. 물론 대다수 사람들에게 휴대전화란 것이 없었던 16년 전의 일. 지금으로선 있을 수 없는 일이다.

한 시간 50분 동안 궁금함과 걱정과 화와 실망과 서글픔이 한 덩어리가 되어 폭탄처럼 터지기 일보 직전, 멀리서 그가 우산도 쓰지 않은 채 혼잡한 인파를 헤치며 달려오는 모습이 보였다. 그때 그가 늘어놓은 이유가 뭐였는지는 정확히 기억나지 않는다(솔직히 이유는 고사하고 그가 어떻게 생겼는지도 이젠 가물가물할 지경이다). 그런데 신기하게도 그 기다림의 시간만큼은 지금도 생생하게 떠오른다. 그 시간 살갗을 감싸던 바람의 온도와 습도, 바닥에서 튀어 올라 내 발가락을 적시던 빗방울의 느낌까지도.

사랑하는 사람을 기다리는 것은 힘든 일이다. 게다가 언제 올 것인지, 정말 오기는 오는 것인지 확실치도 않은 사람을 기다리는 시간은 불안과 고독으로 가득 채워질 수밖에. 마치 잘못한 일도 없는데 벌 받는 기분이다. 한마디로 '세상에서 기다리는 일처럼 가슴 애리는 일'은 없는 것이다.

아! 정말이지 이놈의 기다림만 아니라면 사랑은 훨씬 쉬운 일이 되지 않을까. 그렇지만 기다림 없는 사랑이란 얼마나 빈곤한 것인가. 사랑이란 결국 다른 사람에게 나의 시간을 자발적으로 빼앗기는 일이며, 다른 이의 시간을 당당하게 빼앗는 일이 아니던가. 이 빼앗김과 빼앗음을 견딜 수 없는 사람이 어찌 다른 이를 사랑할 자격이 있다고 할 수 있겠는가.

사랑이 황홀한 환희와 절망적인 고통이 동시에 담긴 강렬하면서도 모순적인 감정이 될 수 있는 건 바로 이 기다림이 있기 때문이다. 나는 안다. 너를 기다리는 것은 황홀한 고통이며 고통스러운 환희임을. 그러니 '바스락거리는 나뭇잎 하나도 다 내게 오'는 것을 느끼며 지금도 이렇게 카페에 죽치고 앉아 오지 않는 너를 기다릴 수밖에.

즐거운 편지

⌐ 황동규 ⌐

1

내 그대를 생각함은 항상 그대가 앉아 있는 배경에서 해가 지고 바람이 부는 일처럼 사소한 일일 것이나 언젠가 그대가 한없이 괴로움 속을 헤매일 때에 오랫동안 전해 오던 그 사소함으로 그대를 불러 보리라.

2

진실로 진실로 내가 그대를 사랑하는 까닭은 내 나의 사랑을 한없이 잇닿은 그 기다림으로 바꾸어 버린 데 있었다. 밤이 들면서 골짜기엔 눈이 퍼붓기 시작했다. 내 사랑도 어디쯤에선 반드시 그칠 것을 믿는다. 다만 그때 내 기다림의 자세를 생각하는 것뿐이다. 그동안에 눈이 그치고 꽃이 피어나고 낙엽이 떨어지고 또 눈이 퍼붓고 할 것을 믿는다.

사소함으로 인해 뜨거워진 사랑

사랑에 빠진 사람은 대부분 자신의 사랑이 매우 '특별하다'고 생각한다. 특별한 사람을 특별한 깊이와 방식으로 사랑한다고 느끼는 것이다. 게다가 상대가 내 마음을 모르거나 알면서도 받아주지 않는 짝사랑이라면 그것은 곧바로 엄청난 비극이 되며, 자신은 이내 그 비극의 주인공으로 셀프 캐스팅된다. 사실 이렇게 다분히 자기중심적인 과장이야말로 사랑의 속성이 아니겠는가. 어차피 사랑이란 당사자에겐 매우 '특별한 사건'이니 말이다.

그런데 자신의 사랑을 '사소한 일'이라고 말하는 사람이 있다. 게다가 '내 사랑도 어디쯤에선 반드시 그칠 것을 믿는'단다. 영원히 미치도록 사랑하겠노라고 맹세해도 넘어올까 말까 한 중대한 시점에서. 그대를 향한 나의 심정이 아무리 절박하다고 해도 그대의 입장에서 그것은 일상의 사소한 부분에 불과할 수 있다. 내가 온 마음을 다해 사랑한다 해도 지는 해를 뜨게 하고 부는 바람을 멈추게 할 수는 없는 노릇. 그러니 감히 사랑이라는 단어는 쓸 수 없고 고작해야 '내 그대를 생각함은'이라는 말로 조심스럽게 시작할 수밖에. 또한 지금 퍼붓는 눈도 언젠가는 그치듯이 나의 사랑도 영원할 수는 없는 법. 그러니 '다만 그때 내 기다림의 자세를 생각하는 것뿐'이라고 겸양하며 물러날 수밖에.

아이러니하게도 바로 이 조심스러움과 겸양이 사랑을 뜨겁게 만든다. 내 사랑은 비록 사소하지만 '언젠가 그대가 한없이 괴로움 속을 헤매일 때에 오랫동안 전해 오던 그 사소함으로 그대를 불러 보'겠다고 하지 않는가. 내 사랑은 비록 언젠가는 그치겠지만 '그동안에 눈이 그치고 꽃이 피어나고 낙엽이 떨어지고 또 눈이 퍼붓고 할 것을 믿는다'고 하지 않는가. 절망 속에 있는 그대를 구원해줄 사소함, 영원한 대자연의 순환 속에서 생각하는 기다림의 자세. 그러니 사소하다 말한다고 해서 결코 사소해질 수 없고, 언젠가 그칠 것으로 믿는다 해서 결코 그쳐지지가 않는 것이 이 시의 사랑이다.

나는 이따금 이해할 수 없을 때가 많다. 어찌하여 다른 남자가 그녀를 사랑할 수 있으며, 사랑하는 일이 허용되는가. 내가 이토록 한결같이 오로지 그녀만을 진심으로 완전하게 사랑하여, 그녀 이외에는 아무 것도 모르고 아무 것도 이해하지 않고 아무 것도 가진 것이 없는데도 말이다!

— 괴테, 《젊은 베르테르의 슬픔》 중에서

베르테르의 사랑은 소년의 사랑이다. 소년은 사랑이 때때로 부조리하며 비대칭적인 현실이라는 걸 결코 받아들이지 못한다. 반면 황동규 시인의 사랑은 어른의 사랑이다. 어른은 사랑이 때때로 자기도취적이고 이기적인 환상일 수 있음을 경계한다.

물론 이 소년과 어른의 구분 기준은 내면의 성숙도이지 생물학적 나이가 아니다. 이 시는 황동규 시인의 데뷔작으로, 시인은 이 시를 고등학교 3학년 때 짝사랑하던 대학생 누나를 생각하며 썼다고 한다.

바람 부는 날

』 김종해 「

사랑하지 않는 일보다 사랑하는 일이 더욱 괴로운 날, 나는 지하철을 타고 당신에게로 갑니다. 날마다 가고 또 갑니다. 어둠뿐인 외줄기 지하통로로 손전등을 비추며 나는 당신에게로 갑니다. 밀감보다 더 작은 불빛 하나 갖고서 당신을 향해 갑니다. 가서는 오지 않아도 좋을 일방통행의 외길, 당신을 향해서만 가고 있는 지하철을 타고 아무도 내리지 않는 숨은 역으로 작은 불빛 비추며 나는 갑니다.
가랑잎이라도 떨어져서 마음마저 더욱 여린 날, 사랑하는 일보다 사랑하지 않는 일이 더욱 괴로운 날, 그래서 바람이 부는 날은 지하철을 타고 당신에게로 갑니다.

내 사랑은 나 말고는 아무도 모른다

사랑이 사랑만으로 채워져 있다면 얼마나 좋을까. 그렇다면 사랑하는 일도 괴롭지 않고 사랑하지 않는 일도 괴롭지 않을 텐데. 하지만 어쩌겠는가. 제일 괴로운 것은 사랑하는 사람을 못 보는 것이니.

'사랑하지 않는 일보다 사랑하는 일이 더욱 괴로운 날, 나는 지하철을 타고 당신에게로' 간다. 그런데 왜 하필 '지하철'이란 말인가. 사랑에게 가는 길은 지상의 길과는 달리 '일방통행'의 길이며, '외줄기'이며, 어둠을 뚫고 가야 하는 길이다. 그러기에 '밀감보다 더 작은 불빛 하나'가 필요한 길이다.

중요한 것은 지하철을 타고 가서 내릴 역이 '아무도 내리지 않는 숨은 역'이라는 사실. 마치 해리 포터가 호그와트 마법학교에 가기 위해 서 있었던 9와 4분의 3번 승강장처럼 다른 사람의 눈에는 보이지 않는다. 왜냐하면 당신을 향한 나의 마음이 도달하는 곳은 오직 나만 알고 있기 때문에. 한마디로 내 사랑은 나밖에 모르는 것이다. 혼자 가야 하기에 외롭고 두려운 길이지만, 오로지 나만이 알고 있기에 비밀스럽고 아늑하며 황홀한 길이다.

그런데 말이다. 그 작은 불빛 하나에 의지해서 어둠을 뚫고 더듬더듬 겨우겨우 찾아간다고 해도 '당신'이 거기에 있을 거라는 보장이 있는가. 당신을 향한 나의 사랑이 아무리 간절하더라도 나는 당신이 어떤 사람인지 정확히 알 수 없다. 그 알 수 없음이 나를 미칠 만큼 괴롭게 하지만 그 괴로움의 힘으로 나는 당신에게 갈 수 있다.

자, 그러니 다른 사람들의 사랑에 이러쿵저러쿵 충고하고 훈계하는 참으로 같잖은 짓은 하지 말자. 설사 참견하고 싶어 안달 나더라도 그 속물적 욕망일랑 잠시만 접어두자. '사랑하는 일보다 사랑하지 않는 일이 더욱 괴로운 날'에도 어둠을 향해 제 발로 내려갈 수밖에 없는 사람에게 도대체 무슨 참견을 어떻게 하겠다는 것인가.

어린것

ᅟ┘ 나희덕 ᄂ

어디서 나왔을까 깊은 산길
갓 태어난 듯한 다람쥐새끼
물끄러미 나를 바라보고 있다
그 맑은 눈빛 앞에서
나는 아무것도 고집할 수가 없다
세상의 모든 어린것들은
내 앞에서 눈부신 꼬리를 쳐들고
나를 어미라 부른다
괜히 가슴이 저릿저릿한 게
핑그르르 굳었던 젖이 돈다
젖이 차 올라 겨드랑이까지 찡해오면
지금쯤 내 어린것은
얼마나 젖이 그리울까
울면서 젖을 짜버리던 생각이 문득 난다
도망갈 생각조차 하지 않는
난만한 그 눈동자,
너를 떠나서는 아무데도 갈 수 없다고
갈 수도 없다고
나는 오르던 산길을 내려오고 만다
하, 물웅덩이에는 무사한 송사리떼

가장 크고 가장 아픈 사랑

몇 년 전에 친구에게서 '모유가 잘 나오는 시나 짧은 수필 같은 것이 있으면 소개해달라'는 좀 특이한 부탁을 받은 적이 있었다. 사연인즉 그 당시 친구는 백일 조금 넘은 딸을 베이비시터에게 맡긴 채 직장에 복귀했고 계속 모유를 먹이고 싶어 틈틈이 유축을 하고 있었다. 그런데 바람만큼 모유가 충분히 나오지 않았던 것. 책에서 알려주는 대로 아기 사진을 보면서도 해보고, 목장에서 우유를 짤 때 젖소(!)들에게 들려준다는 모차르트 음악을 들으면서도 해보았으나 별반 효과가 없더라고 했다. 난 "글쎄, 과연 그런 시가 있을까?" 하면서 말끝을 흐렸는데 그때 이 시가 불현듯 머릿속에 떠올랐다. 곧바로 친구에게 이 시를 메일로 보내면서도 사실 반신반의했다. '아무려면 이걸 읽는다고 진짜 모유 양이 늘겠어······.' 그런데 며칠 후 친구에게서 전화가 왔다. 세상에나! 이 시를 천천히 소리 내어 읽으면서 유축을 했더니 신기하게도 정말 모유 양이 늘었다는 거다!

열두 시간이 넘는 진통 끝에 이러다 온몸이 깨져 나가는 건 아닐까 겁이 덜컥 나던 그때, 아기 울음소리가 들리고 말 그대로 핏덩이가 내 품에 안겨졌다. 갓 태어나 눈도 제대로 뜨지 못한 아기는 몸을 꼼지락거리더니 입을 오물거려 내 젖을 물었고, 말로는 형용할 수 없는 그 느낌에 난 그때까지 참았던 눈물을 왈칵 쏟고야 말았다. 바야흐로 내 몸 밖에 또 다른 나의 심장이 생기는 순간이었으며, 그 심장 앞에서 나 역시 '아무것도 고집할 수가 없'게 되는 순간이었다.

알고 보면 어미의 사랑이란 얼마나 아픈 사랑인가. 그 사랑이 아픈 것은 그 사랑의 대상이 절대적으로 소중하기 때문이다. 지나치게 소중한 것은 보는 이로 하여금 가슴을 떨리게 만들 정도의 희열도 주지만 그 못지않게 때때로 심장을 도려내는 듯한 아픔도 주니까. 자식의 아픔과 슬픔과 좌절은 몇 배로 뻥튀기가 되어 어미의 아픔과 슬픔과 좌절이 되니까. 그럼에도 세상의 모든 어미는 '내 앞에서 눈부신 꼬리를 쳐들고' 있는 그 존재를 향한 지독한 짝사랑을 도저히 멈출 수 없다.

다만 그 지독한 짝사랑의 대상이 내 자식만으로 한정되었다면 이 시가 이토록 아름답지는 않았을 게다. 오로지 내 새끼만을 챙기는 배타적인 모성을 뛰어넘어 시인의 눈과 마음은 '세상의 모든 어린것들'을 향한다. 이 웅숭깊고 정결한 모성 앞에서 굳었던 내 젖도 핑그르르 도는 듯하다.

두 번째 눈빛.

이 이별
앞에서
어찌할 것인가

비 갠 긴 강둑에 풀빛 진한데
남포에서 그대를 보내니 노랫가락 구슬프다
대동강 물은 어느 때나 마를 것인가
해마다 이별의 눈물이 푸른 물결에 더해지는 것을

정지상, 〈송인(送人)〉

빈집

⌐ 기형도 ⌐

사랑을 잃고 나는 쓰네

잘 있거라, 짧았던 밤들아
창밖을 떠돌던 겨울 안개들아
아무것도 모르던 촛불들아, 잘 있거라
공포를 기다리던 흰 종이들아
망설임을 대신하던 눈물들아
잘 있거라, 더 이상 내 것이 아닌 열망들아

장님처럼 나 이제 더듬거리며 문을 잠그네
가엾은 내 사랑 빈집에 갇혔네

문은 어느 쪽에서 잠갔을까

짧막한 실연 발표를 필두로 줄줄이 나오는 것은 실연 전의 이야기들이다. 사랑하는 사람을 생각하느라 보낸 밤들은 짧았고, 어느덧 맞이한 새벽에 본 겨울 안개들은 내면에 고요히 가라앉았겠지. 자신과 함께 어둠을 지키던 촛불들, 감정이 너무나도 차올라 도리어 아무것도 적어 넣을 수 없었던 흰 종이들, 그걸 보며 눈과 마음을 적시던 눈물들. 한마디로 '더 이상 내 것이 아닌 열망들'. 이 모든 것들에 시인은 '잘 있거라'는 말을 보내면서 이별하고자 한다.

문제는 그다음이다. 시인은 돌연 문을 잠가버리는데, 그 잠그는 방향이 좀 모호하다. 만일 안에서 잠근다면 시인은 '가엾은 내 사랑'과 빈집에 함께 갇히게 된다. 시인은 이제 외부와의 소통을 거부한 곳에서 과거에 자신이 사랑했던 사람과의 기억을 끌어안고 살아가야 한다. 그렇다면 빈집은 다분히 절망적이고 자폐적인 공간이며 '열망'을 상실한 자의 황량한 내면, 그 자체다.

반면에 '가엾은 내 사랑'을 빈집에 놓아두고 밖에서 문을 잠그는 것이라면 어떨까. 그렇다면 빈집은 영원한 추억과 그리움의 공간이 된다. 자신을 포함해 그 누구도 들어갈 수 없기에 '내 사랑'은 그곳에 지금 모습 그대로 있게 된다.

그러고 보니 시작이 왜 '사랑을 잃었네'가 아니라 '사랑을 잃고 나는 쓰네'인지 알겠다. 이 시는 한마디로 사랑을 잃은 자의 넋두리가 아니라 그것에 대해 '쓰는' 자의 고백인 것이다. 중요한 건 실연 자체가 아니라 '실연 그 후'이며, '잘 있거라'는 이별의 말이 아니라 문을 잠그는 행위다.

그나저나 우리는 예전에 어느 쪽에서 문을 잠갔던 걸까.

서해

이성복

아직 서해엔 가보지 않았습니다
어쩌면 당신이 거기 계실지 모르겠기에

그곳 바다인들 여느 바다와 다를까요
검은 개펄에 작은 게들이 구멍 속을 들락거리고
언제나 바다는 멀리서 진펄에 몸을 뒤척이겠지요

당신이 계실 자리를 위해
가보지 않은 곳을 남겨두어야 할까봅니다
내 다 가보면 당신 계실 곳이 남지 않을 것이기에

내 가보지 않은 한쪽 바다는
늘 마음속에서나 파도치고 있습니다

오직 당신으로 인해 특별한 곳

누군가를 사랑한 기억이란 결국 어떤 공간에 대한 기억이기도 하다. 사랑하는 사람과 함께 있었던 곳, 아니면 사랑하는 사람에게 의미가 있었던 곳은 나에게도 특별한 곳이 된다. '서해'는 그런 곳이다. 구체적으로 어떤 추억이 있으며 어떤 의미가 있는 곳인지 말하고 있지 않으나, 어쨌든 서해는 특별한 곳이다.

그런데 '나'는 거기에 가보지 않았다고 말한다. '어쩌면 당신이 거기 계실지 모르겠기에', '내 다 가보면 당신 계실 곳이 남지 않을 것이기' 때문이란다. 이유를 밝혔는데 그 이유란 것이 사람을 더욱 궁금하게 만든다. 나의 진짜 속마음은 뭘까?

나는 당신이 너무나도 그립기에 지금 당신이 내 곁에 없다는 사실이 아프고, 영영 당신을 만나지 못할 수도 있다는 가능성이 무섭다. 나는 당신이 서해에 계실 것이라고 생각하지만 막상 찾아갔는데 만약 그곳에 당신이 없다면, 나는 당신의 부재를 실감해야 할 뿐 아니라 그 어디에서도 당신을 찾지 못한다는 절망감에 빠지게 된다. 그러느니 차라리 당신이 그곳에 계시리라고 믿고 있는 편이 나에겐 더 위안이 되는 것이다.

어디까지나 개인적인 취향이겠지만, 나는 과잉된 슬픔을 표현하는 연기나 노래에 쉽게 공감이 되지 않는다. 아직 그 슬픔에 공명할 준비도 되어 있지 않건만 먼저 대성통곡을 해버리면 당황스러워 오히려 뒤로 물러나게 되는 것이다.

하지만 누군가의 고요한 눈빛 뒤에 숨겨진 '진펄' 같은 속마음을 엿보게 될 때, 견딜 수 없는 뜨거움을 애써 누르고 나오는 담담한 목소리를 엿듣게 될 때, 어쩔 수 없이 내 마음은 심하게 동요한다. 그러곤 문득 궁금해진다. 그 사람의 마음을 이루고 있는 모든 것이.

그래서 그런 걸까. 이 시를 읽을 때마다 도리어 나는 '서해'에 가보고 싶어진다. 나만의 서해에. '여느 바다와 다를' 바 없는 그곳에 말이다.

진달래꽃

⌐김소월⌐

나 보기가 역겨워
가실 때에는
말없이 고이 보내 드리오리다

영변에 약산
진달래꽃
아름 따다 가실 길에 뿌리오리다

가시는 걸음걸음
놓인 그 꽃을
사뿐히 즈려밟고 가시옵소서

나 보기가 역겨워
가실 때에는
죽어도 아니 눈물 흘리오리다

세상에서 가장 아름다운 이별

 연애를 하다 보면 자신의 바닥을 보게 되는 순간이 온다. 자신이 얼마나 비이성적이며 유치하고 의심과 질투와 집착이 강한 찌질한 인간인지를 절감하게 되는 순간이 오는 것이다. 그렇지만 다행스럽게도 이런 순간은 금방 잊힌다. 연애엔 그런 순간을 오래 지속시키지 않게 하는 강력한 무기가 있기 때문에.

 자신이 누군가로부터 독점적인 사랑을 받고 있으며, 자신이 누군가에게 특별한 존재라는 가슴 떨리는 환희는 한 사람을 능히 반짝거리게 만든다. 그 과정에서 유치함은 애교가 되고, 집착은 애착이 된다. 그러니 중간 중간 이런저런 마음고생을 하더라도 연애는 결코 밑지는 장사가 아니다. 문제는 그 사랑이 끝났을 때다. 자신을 빛나게 해주었던 강력한 무기는 온데간데없어지고 이제 자신의 바닥만을 주야장천 응시해야 하는 참혹한 상황. 이쯤 되면 보통 '원래 너는 나와 어울리지 않았어. 차라리 잘됐지 뭐'라는 억지스러운 자기 위안, '네가 나한테 어떻게 그럴 수 있어'라는 원망의 마음, '그러고도 네가 앞으로 잘되나 보자'는 저주의 말이 난무하게 된다. 한마디로 말하면

너도 나만큼, 아니 나보다 더 고통스러워야 하는 것이다.

그런데 이 시는 이러한 보편적인 이별 상황과 멀리 떨어져 있다. 흔히 이 시의 정서를 인고와 희생, 순종의 미덕이라고 말하지만 내가 보기에 이 시를 지탱하는 것은 다름 아닌 '자존심'이다. 비록 사랑은 끝났더라도 그 사랑의 기억만큼은 누추하게 만들고 싶지 않은 자존심 말이다.

혹자는 이것을 가식과 허세라고 비아냥거릴 수도 있겠다. 또한 어쩌면 인간은 한 꺼풀만 벗기면 다 거기서 거기인 찌질한 욕망의 덩어리일지도 모른다. 하지만 바로 그런 이유로 그 한 꺼풀이, 그 훼손되기 쉬운 한 꺼풀의 자존심이 소중한 것이다. 이 시만큼 상대를 배려하고, 자신의 자존과 품위를 지키며, 그동안의 사랑을 고결한 것으로 만들어버리는 이별을 난 아직 보지 못했다.

선운사에서

최영미

꽃이
피는 건 힘들어도
지는 건 잠깐이더군
골고루 쳐다볼 틈 없이
님 한 번 생각할 틈 없이
아주 잠깐이더군

그대가 처음
내 속에 피어날 때처럼
잊는 것 또한 그렇게
순간이면 좋겠네

멀리서 웃는 그대여
산 넘어가는 그대여

꽃이
지는 건 쉬워도
잊는 건 한참이더군
영영 한참이더군

헤어짐보다 어려운 잊기

동백꽃이 지는 걸 본 적이 있다. 어렸을 적 살던 집 화단에 동백나무가 한 그루 있었는데, 우연히 그 앞에 있다가 보게 된 것이다. 아니, 보고 '듣게' 되었다는 말이 더 정확할 것 같다. 동백꽃이 바닥에 떨어지며 '풀썩' 소리가 났으니까. 동백꽃은 꽃잎이 바람에 날리거나 누렇게 시들고 바래지면서 지는 다른 꽃들과 달리 너무나도 멀쩡한 상태에서 봉오리 전체가 툭 떨어져버린다. 그러니 떨어지는 소리까지 귀에 들릴 정도. 이 광경을 소설가 김훈은 시보다 더 시적으로 이렇게 표현했다.

동백은 한 송이의 개별자로서 제각기 피어나고, 제각기 떨어진다. 동백은 떨어져 죽을 때 주접스런 꼴을 보이지 않는다. 절정에 도달한 그 꽃은, 마치 백제가 무너지듯이, 절정에서 문득 추락해버린다. '눈물처럼 후드득' 떨어져버린다.

— 김훈, 《자전거 여행》(생각의 나무, 2000) 중에서

꽃이 피는(사랑이 시작되는) 순간은 힘들지만 순식간이다. 꽃이 지는(사랑이 끝나는) 순간은 잠깐인 데다가 쉽기까지 하다. 문제는 꽃을(사랑을) 잊는 것. 그것은 '영영 한참'인 일이다.

자연의 꽃은 필 때나 질 때나 어떤 두려움이나 미련을 보이지 않는다. 혹독한 겨울을 이겨내고 힘들게 피었더라도 질 때가 되면 '문득 추락해버린다.'
반면 인간은 그럴 수 없다. 사랑과 이별은 순식간에 이루어지더라도 그 기억을 잊는 것은 '영영 한참' 걸리는 일이다. '잊음'은 자연의 질서에는 없는, 오직 인간의 질서에만 있는 것. 그러기에 인간은 그 과정에서 (김훈의 표현을 빌리자면) '주접스런 꼴'을 보이게 된다. 하지만 이 '주접스런 꼴'이야말로 참으로 인간적인 것이 아니겠는가. 사랑하는 사람과의 이별 자체에서 오는 충격과 상실감보다는 그 사람을, 그 사람과 함께했던 시간을 잊을 수 없어 괴로웠던 순간이 누구나 한 번쯤은 있었을 테니 말이다.

그나저나 무언가를 '기억'하는 것이 어려울까, '망각'하는 것이 어려울까. 나에겐 후자가 더 어려워 보인다. 기억은 열심히 외우다 보면 어떻게든 되지만 망각은 그 반대다. 잊으려고 하면 할수록 잊히기는 커녕 더욱 나를 붙잡는다. 기억은 머리가 시키는 일이고 망각은 가슴이 시키는 일이기 때문일까, 아니면 기억은 내가 하는 일이고 망각은 시간이 하는 일이기 때문일까.

원시(遠視)

오세영

멀리 있는 것은 아름답다.
무지개나 별이나 벼랑에 피는 꽃이나
멀리 있는 것은
손에 닿을 수 없는 까닭에
아름답다.
사랑하는 사람아,
이별을 서러워하지 마라,
내 나이의 이별이란 헤어지는 일이 아니라 단지
멀어지는 일일 뿐이다.
네가 보낸 마지막 편지를 읽기 위해선 이제
돋보기가 필요한 나이,
늙는다는 것은
사랑하는 사람을 멀리 보낸다는
것이다.
머얼리서 바라볼 줄을
안다는 것이다.

헤어짐과 멀어짐

어느 해 추석엔가 한 공중파 채널에서 방영하는 〈동안 선발 대회〉라는 프로그램을 우연히 보게 되었는데, 별생각 없이 보다가 기분만 잡치고 말았다. 단지 '어려 보이기' 위한 일념 하나로 아이 엄마가 여고생 교복을 입고, 멀쩡한 청년이 초등학생 흉내를 내고, 50대 아주머니가 핫팬츠를 입고 아이돌 그룹의 춤을 추는 걸 보고 있노라니 코믹함을 넘어 기괴하다는 느낌마저 들었던 것이다. 물론 뭐 이런 말을 하는 나도 누가 내 나이보다 어려 보인다고 말해주면 기분이 좋다. 그렇지만 개개인이 보다 젊게 보이고 싶은 바람과 이런 프로그램을 온 국민이 볼 수 있게 내보내는 것은 다른 차원이다. 후자에는 사회 구성원들에게 암묵적으로 전달되는 특정한 사회적 강요와 자본의 유혹이 있기 때문이다.

예전에는 성형수술을 할 때 누구누구와 닮게 해달라는 요구가 많았는데 요즘은 무조건 어려 보이게 하라는 '동안 성형'이 대세라고 하니, 이러한 강요와 유혹이 확실히 성공한 모양이다. 이런 분위기에서 '늙음'은 인생의 자연스러운 과정이 아니라 어떻게 해서든 피해야 하는 추함의 상징이 되었으며, 급기야는 게으름과 무능함 또는 가난함을 연상시키게 되었다. 늙음을 이렇게 인식하는 사회를 어찌 건강하다 할 수 있겠는가.

고등학생 시절 가정 과목을 가르치셨던, 나이 든 여선생님의 말씀이 기억난다. 선생님은 나이가 드니 눈이 현미경에서 망원경으로 변하는 것 같다고 하셨다. 젊었을 적엔 모든 걸 최대한 가까이서 속속들이 확인해야 직성이 풀렸는데 지금은 좀 떨어져서 보게 된다고, 그러다 보니 어지간한 것들은 다 예뻐 보인다고, 이게 그렇게 편하고 좋을 수가 없다고 말씀하셨다.

이 시를 읽으면서, 그리고 선생님의 말씀을 떠올리면서 결심해본다. 보톡스나 맞으며 아등바등 나이 들어가지는 않겠다. 사랑하는 사람과의 이별이건 삶과의 이별, 즉 죽음이건 간에 관조할 수 있는 사람으로 늙어가고 싶다. 서러움에 목이 메고 하늘이 무너지는 것처럼 요란을 떠는 '헤어짐'이 아닌, 사랑과 삶의 자연스러운 과정으로서의 '멀어짐'을 기꺼이 받아들일 수 있는 품과 지혜를 갖고 싶다. 모든 것을 알아야 하고, 모든 것을 내 마음대로 해야 직성이 풀리는 '노인네'가 아닌, '내 나이의 이별이란 헤어지는 일이 아니라 단지 / 멀어지는 일일 뿐이다'며 담담하게 말할 수 있는 '어르신'으로 늙어가고 싶다.

세 번째 눈빛.

태초에

관계가 있었다

"아니, 난 친구를 찾고 있어, '길들인다'는 건 무슨 말이야?"
"그건 너무나 잊혀져 있는 일이야.
그것은 '관계를 맺는다…….'는 뜻이란다."
"관계를 맺는다는 뜻?"
"물론이지. 내게 있어서는 네가 아직 몇 천 몇 만 명의 어린이들과 조금도 다름없는 사내아이에 지나지 않아. 그래서 나는 네가 필요 없고 너는 내가 아쉽지도 않은 거야. 네게는 내가 너와 상관없는 몇 천 몇 만 마리의 여우들 중 하나에 지나지 않을 거야. 그렇지만 네가 나를 길들이면 우리는 서로 특별해질 거야. 내게는 네가 세상에서 하나밖에 없는 나만의 이야기가 될 것이고, 네게는 내가 이 세상에 하나밖에 없는 너만의 여우가 될 거야……."

생텍쥐페리, 《어린 왕자》 중에서

꽃

┘ 김춘수 └

내가 그의 이름을 불러 주기 전에는
그는 다만
하나의 몸짓에 지나지 않았다.

내가 그의 이름을 불러 주었을 때
그는 나에게로 와서
꽃이 되었다.

내가 그의 이름을 불러 준 것처럼
나의 이 빛깔과 향기에 알맞은
누가 나의 이름을 불러 다오.
그에게로 가서 나도
그의 꽃이 되고 싶다.

우리들은 모두
무엇이 되고 싶다.
너는 나에게 나는 너에게
잊혀지지 않는 하나의 눈짓이 되고 싶다.

'아는 사람'과 '친구'의 경계

지금 이 세상에 '김경민'이라는 내 주민등록상의 이름을 아는(혹은 기억하는) 사람이 몇 명이나 될까. 유명인사가 아니니 그리 많지는 않겠지만 다수 앞에 서는 직업으로 몇 년 일했고 특별히 폐쇄적이거나 수줍어하는 성격도 아니니 아주 적지도 않을 것이다.

그런데 정말 궁금하다. 나는 그들 중 몇 퍼센트에게 '꽃'인 존재일까. 나와 그들 중 몇 퍼센트가 서로에게 '잊혀지지 않는 하나의 눈짓'인 관계일까. 사실 이런 생각을 하다 보면 좀 우울해진다. 나를 고유한 인격이 아닌 오로지 역할이나 도구로만 취급하는 사람 앞에서 느꼈던 무참함이 떠오르기 때문이고, 나 역시 살면서 누군가를 무참하게 만들었을 거라는 자각이 들기 때문이다.

"태초에 관계가 있었다"는 마르틴 부버의 말처럼, 사람은 누구나 수많은 관계 속에서 살아가며 그 관계가 의미 있기를 원하는 존재. 그 바람을 실현하기 위해선 누군가를 '꽃'으로 만들기 위한, 누군가에게 '꽃'이 되기 위한 특별한 노력이 필요할 것이다. 그 노력이란 다름 아닌 상대만의 '빛깔과 향기'를 찾아보려는 수고로움이다. 만일 그것이

두렵고 귀찮아서 회피한다면 영원히 의미 없는 '몸짓'에 불과한 존재로 살아갈 수밖에.

가끔 어디까지가 '아는 사람'이고, 어디서부터가 '친구'일까 궁금할 때가 있다. 난 이 둘을 경계 지을 정확한 기준 같은 건 알지 못한다. 그렇지만 친구라고 생각한 사람이 결국 아는 사람임이 밝혀지던 순간에 느꼈던 쓸쓸함만큼은 선명하게 떠오른다. 그 쓸쓸함을 몇 번 겪은 지금, 친구란 결국 나의 고유한 빛깔과 향기에 관심이 있는 사람임을, 그 관심의 힘으로 나의 진짜 이름을 불러주는 사람임을, 살면서 이런 사람을 만나는 것은 엄청난 축복임을 알게 되었다.

'아는 사람'은 나를 행복하게 해주지 못한다. 반면 '친구'는 나를 행복하게 해준다. 인디언 말로 친구는 '나의 슬픔을 등에 지고 가는 사람'이라고 하지 않는가. 한때 나는 '아는 사람'이 (양적으로) 많았으면 하는 욕심을 부린 적이 있었다. 하지만 지금은 내 곁에 남아 있는 이들에게 (질적으로) 충실한 친구가 되고 싶다. 온 마음을 다해 그들의 진짜 이름을 불러주고, 그들만의 고유한 빛깔과 향기를 알아주는 친구가.

그 복숭아나무 곁으로

나희덕

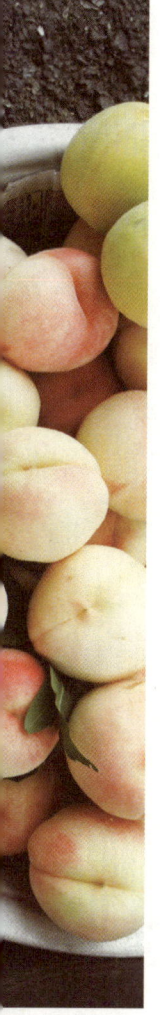

너무도 여러 겹의 마음을 가진
그 복숭아나무 곁으로
나는 왠지 가까이 가고 싶지 않았습니다
흰꽃과 분홍꽃을 나란히 피우고 서 있는 그 나무는 아마
사람이 앉지 못할 그늘을 가졌을 거라고
멀리로 멀리로만 지나쳤을 뿐입니다
흰꽃과 분홍꽃 사이에 수천의 빛깔이 있다는 것을
나는 그 나무를 보고 멀리서 알았습니다
눈부셔 눈부셔 알았습니다
피우고 싶은 꽃빛이 너무 많은 그 나무는
그래서 외로웠을 것이지만 외로운 줄도 몰랐을 것입니다
그 여러 겹의 마음을 읽는 데 참 오래 걸렸습니다

흩어진 꽃잎들 어디 먼 데 닿았을 무렵
조금은 심심한 얼굴을 하고 있는 그 복숭아나무 그늘에서
가만히 들었습니다 저녁이 오는 소리를

내가 미처 보지 못한 빛깔들, 읽지 못한 마음들

대학교 3학년 때였나. 대중목욕탕에서 때를 밀고 있는데, 옆에 있던 젊은 아주머니 한 분이 서로 등을 밀어주면 어떻겠느냐고 제안을 하셨다. 마침 등을 시원하게 밀고 싶었던 터라 흔쾌히 동의를 했고, 먼저 그분의 등을 성심성의껏 밀어드렸다. 그러곤 내 등을 내밀었는데 뭔가 허전한 느낌이 들어 '왜 이러지?' 생각하다가 그분은 왼손을 전혀 쓰지 않고 있다는 걸 감지했다. 아무리 때는 오른손으로 민다고 하더라도 자연스럽게 왼손은 등의 어딘가를 짚는 자세가 나오는데, 그분은 그냥 왼손은 놔두고 오른손만을 쓰고 있었던 것이다. 그 순간 그런 행동은 곧 '성의 없음'으로 연결되었고, 나는 어쩔 수 없이 희미한 불쾌감 같은 것이 느껴졌다. '이럴 거면서 왜 서로 밀어주자고 한 거야'라는 생각이 들면서 급기야 그 아주머니를 '얌체 캐릭터'로 단정하기에 이르렀다.

목욕을 마치고 나와 옷을 입은 후 머리를 말리려고 거울 앞에 섰는데 얼마 있다가 그 아주머니도 내 옆에 섰다. 그때서야 안경을 끼고 눈인사를 하는데 순간 깜짝 놀랐다. 사고를 당했는지 그 아주머니의 왼쪽 손목은 잘려져 있었던 것이다.

돌이켜보면 20대엔 거슬리는 사람들이 많았다. 왠지 눈빛이 마음에 들지 않아서, 목소리가 좀 깨는 것 같아서, 걸음걸이가 불안정해 보여서, 말투가 경박하게 느껴져서 등등 이유는 참 사소하면서도 다양했다. 문제는 단순히 거슬려 하는 수준에서 그치지 않고 때때로 그딴 걸 근거랍시고 그 사람의 인격과 내면까지 멋대로 추측하고 재단하는 짓도 서슴지 않았다는 것. 그러면서도 누가 나에 대해 함부로 그 비슷한 짓을 하고 있다는 걸 어떤 식으로든 감지하는 순간엔 '나에 대해 잘 알지도 못하는 주제에!' 어쩌고 하며 분기탱천하는 웃기지도 않은 행태를 보여주기도 했다.

가끔 지금껏 살아오면서 내가 등을 돌리고 앉아 있었던 사람들을, '멀리로 멀리로만 지나'친 '복숭아나무'들을 떠올려볼 때가 있다. 그로 인해 미처 보지 못한 '수천의 빛깔'들과, 읽지 못한 '여러 겹의 마음'들과, 알지 못한 '잘린 왼쪽 손목'들에 대해 생각한다. 그럴 때마다 내 마음은 그들 모두에게 용서를 구하고 함께 '저녁이 오는 소리'를 듣고 싶은 뒤늦은 열망으로 차오른다.

사랑법

└ 강은교 ┘

떠나고 싶은 자
떠나게 하고
잠들고 싶은 자
잠들게 하고
그러고도 남는 시간은
침묵할 것

또는 꽃에 대하여
또는 하늘에 대하여
또는 무덤에 대하여

서둘지 말 것
침묵할 것

그대 살 속에
오래 전에 굳은 날개와
흐르지 않는 강물과

누워 있는, 누워 있는 구름,
결코 잠 깨지 않는 별을

쉽게 꿈꾸지 말고
쉽게 흐르지 말고
쉽게 꽃피지 말고
그러므로

실눈으로 볼 것
떠나고 싶은 자
홀로 떠나는 모습을
잠들고 싶은 자
홀로 잠드는 모습을

가장 큰 하늘은 언제나
그대 등 뒤에 있다.

상대를 실눈으로 봐야 하는 이유

절에 가보면 문을 들어서자마자 사천왕상이 눈에 띈다. 흡사 염라대왕을 연상케 하는 그것은 부릅뜬 큰 눈 때문에 더욱 무섭게 보인다. 그 앞에서 잘못을 저질렀다간 당장 벼락이라도 맞을 것 같다.

그런데 대웅전의 불상은 이 사천왕상과는 매우 대조적이다. 불상은 일단 입가에 자비로운 미소를 머금고 있다. 그리고 사천왕상의 부릅뜬 눈과는 달리 눈을 반쯤 뜨고 반쯤 감은 상태, 즉 실눈을 하고 있다.

흔히 우리는 기도를 하거나 명상을 할 때, 무엇인가를 조용히 생각해야 할 때, 어떤 기억을 떠올려야 할 때 눈을 감는다. 그러다 보니 눈을 감을 때는 정신의 방향 같은 것이 자신의 내면을 향하게 된다. 반대로 누군가를, 무엇인가를 바라보고 확인하고 분별해야 할 때는 눈을 크게 뜬다. 물론 이 순간은 머리와 마음이 모두 외부를 향하게 된다. 실눈은 바로 이 둘의 중간 상태, 반쯤은 내면을 바라보고 반쯤은 외부를 바라보는 눈이다.

'떠나고 싶은 자 / 떠나게 하고'라니. 집착을 버리는 대신 남는 것은

'침묵'이다. 말이 눈을 뜨는 것이라면 침묵은 눈을 감는 것. 조바심과 집착 대신 '쉽게 꿈꾸지' 않는 기다림의 태도를 유지할 것. 이 기다림 속에서 모든 것들을 '실눈으로' 볼 것. 실눈이란 앞에서도 말했듯 반쯤은 내면을 바라보고 반쯤은 외부를 바라보는 눈. 그러기에 실눈은 쉽게 흥분하거나 절망하는 대신 담담하고 고요하게 자신을, 그리고 '떠나고 싶은 자 / 홀로 떠나는 모습'을 바라볼 수 있게 한다. 그리하여 마침내 '가장 큰 하늘'을 '등 뒤에' 있게 만든다. '가장 큰 하늘'로 상징되는 진정한 자유와 삶에 대한 깨달음은 결국 어떠한 집착도 없이 내면을 바라보는 실눈과 침묵을 통해서만 얻을 수 있는 것.

물론 이 사랑법은 결코 쉬워 보이지 않는다. 자신이 사랑하는 대상을 '실눈'으로 보면서 그에 대해 '침묵'하는 것은 아무나 할 수 있는 일이 아니기 때문. 이 시는 이제껏 내가 읽은 수많은 사랑 매뉴얼 중 가장 고난도의 것이다.

강

⌐ 황인숙 ⌐

당신이 얼마나 외로운지, 얼마나 괴로운지
미쳐버리고 싶은지 미쳐지지 않는지
나한테 토로하지 말라
심장의 벌레에 대해 옷장의 나비에 대해
찬장의 거미줄에 대해 터지는 복장에 대해
나한테 침도 피도 튀기지 말라
인생의 어긋장에 대해 저미는 애간장에 대해
빠개질 것 같은 머리에 대해 치사함에 대해
웃겼고, 웃기고, 웃길 몰골에 대해
차라리 강에 가서 말하라
당신이 직접
강에 가서 말하란 말이다.

강가에서는 우리
눈도 마주치지 말자.

제발 징징대지 좀 말자

자기 연민에 빠진 사람들이 있다. 물론 나를 포함해 대부분의 사람들은 누구나 어느 정도 스스로를 가여워하는 마음을 갖고 있다. 문제는 이것이 과도해서 일종의 중독 상태가 된 경우다. 자기 연민에 중독된 사람들을 보면 이 세상에 자신만큼 불행하고 힘든 사람이 없다고 믿는 듯하다. 한마디로 자신을 비극의 주인공쯤으로 착각하는 것이다. 저마다 정도는 다르겠지만 사람은 살면서 대부분 절망과 상처를 경험하며, 그것을 다른 사람을 통해 이해받고 위로받는다. 그러니 절망과 상처를 솔직하게 나누며 진심으로 경청하고 공감해주는 것은 매우 귀중한 미덕이라고 할 수 있겠다. 그렇지만 만약 상대가 자신의 고통을 과장하고 불행만을 강조하려고 한다면? 공감이고 나발이고 함께 있는 것 자체가 고역이다.

나의 고통은 타인의 위로로 없어지지 않는다. 나 자신이 그 고통을 직시하고 그것을 기꺼이 짊어진 채 스스로의 힘으로 헤쳐 나가야만 해결될 수 있는 것. 그 고통은 '옷장의 나비'나 '찬장의 거미줄' 같은 자잘한 일상의 고민일 수도 있고, '인생의 어깃장' 같은 심각한 시련과 장애물일 수도 있으며, '웃겼고, 웃기고, 웃길 몰골'로 표현되는 너무나도 못마땅한 자신의 모습일 수도 있다. 시인은 이 모든 것들을 다른 사람에게 전가해 해결해달라고 말하는 대신에 '당신이 직접 / 강에 가서 말'할 것을 명령한다.

사실 좀 무섭고 정떨어지는 목소리로 들리기도 한다. 하지만 자기 연민에 빠져 비극의 주인공 역할을 자처하는 사람, 그렇게 함으로써 은근한 쾌감을 느끼고 있는 사람을 보면 '제발 징징대지 좀 말았으면' 하는 바람과 함께 이 시를 들려주며 자신만의 '강'을 만들라고 권유하고 싶다.

나는 바보다. 매력도 없다. 사람들은 나를 벌레 보듯 여긴다. 나를 좋아하는 사람은 아무도 없다. 모두 나를 피하지. 내가 잘하는 게 뭐 있겠어? 물론 이런 자학에는 쾌감이 있다. 문제는 스스로를 효과적으로 잘 괴롭혀 본 사람은 다른 사람에게도 똑같이 할 수 있다는 점이다. 그리고 그 결과가 다시 더 가혹한 자학으로 되돌아오는 것이다. 자학과 가학의 화려한 탱고! 그러므로 자기 연민은 금물이다. 그저, 침묵하고 자신에 대해서는 말하지 않기. 그리고 음악이나 일에 몰두할 것. 그는 그렇게 살아왔다.

— 김영하, 《아랑은 왜》(문학과지성사, 2001) 중에서

병원

⌐윤동주⌐

살구나무 그늘로 얼굴을 가리고, 병원 뒤뜰에 누워, 젊은 여자가 흰옷 아래로 하얀 다리를 드러내놓고 일광욕을 한다. 한나절이 기울도록 가슴을 앓는다는 이 여자를 찾아오는 이, 나비 한 마리도 없다. 슬프지도 않은 살구나무 가지에는 바람조차 없다.

나도 모를 아픔을 오래 참다 처음으로 이곳에 찾아왔다. 그러나 나의 늙은 의사는 젊은이의 병을 모른다. 나한테는 병이 없다고 한다. 이 지나친 시련, 이 지나친 피로, 나는 성내서는 안 된다.

여자는 자리에서 일어나 옷깃을 여미고 화단에서 금잔화 한 포기를 따 가슴에 꽂고 병실 안으로 사라진다. 나는 그 여자의 건강이 – 아니 내 건강도 속히 회복되기를 바라며 그가 누웠던 자리에 누워 본다.

타인의 고통에 대해 잘난 척하지 않기

간혹 삶을 '고통의 순위 경연장'쯤으로 생각하는 사람들을 만날 때가 있다. 나의 고통에 대해 "내가 예전에 겪어봐서 잘 아는데 말이야", "넌 힘든 것도 아니야. 난 더했어"라며 일말의 망설임도 없이 달려드는 사람들. 나의 고통을 재료로 삼아 자신의 고통을 맛있게 요리하고 화려하게 과시하려는 사람들. 그런 사람들 앞에 서면 달리 하고 싶은 말이 떠오르지 않는다. 그러니 그냥 침묵할 수밖에.

'가슴을 앓는다는 이 여자'에게 시인은 섣불리 다가가지 않는다. 얼마나 아프냐며 동정을 표하지도 않고, 나도 아프다며 징징대지도 않는다. 그저 조용히 주의 깊게 '한나절이 기울도록' 바라볼 뿐이다. 그러곤 그녀가 사라진 다음에야 '그가 누웠던 자리에 누워'본다.

이 시를 쓴 시인의 그 유명한 〈서시〉보다 비교적 잘 알려지지 않은 이 작품에서 난 그가 어떤 사람인지가 더욱 잘 보이는 듯하다. 그는 타인의 고통을 함께 느끼고 싶은 사람이지만, 또한 그것이 불가능함을 잘 알고 있는 사람. 나는 너일 수 없고, 너는 나일 수 없는데 어떻게 내가 너의 고통을, 네가 나의 고통을 모두 알 수 있겠는가. 다만 네가 누웠던 자리에 내가 누워보면서 노력할 뿐이다.

그냥 그 여자의 건강이 회복되기를 바란다고 하면 어때서 굳이 '아니 내 건강도 속히 회복되기를 바라며'라고 서둘러 덧붙이는 사람. 이 지독한 자기 점검과 뼛속까지 스며든 겸허함으로 자신을 지탱하는 사람. 살아가는 동안 이런 사람이 나를 바라봐준다면, 그리고 나 모르게 내가 누웠던 자리에 누워 나의 아픔을 느껴보려고 한다면 난 훨씬 덜 아프겠지. 그러기 위해서는 나 또한 누군가에게 그런 사람이 되어야겠지. 다른 이의 고통에 대해 함부로 잘난 척하지 않는 사람이.

2
나를 향한 응시

첫 번째 응시.

내가
누구인지
말할 수 있는 자는
누구인가

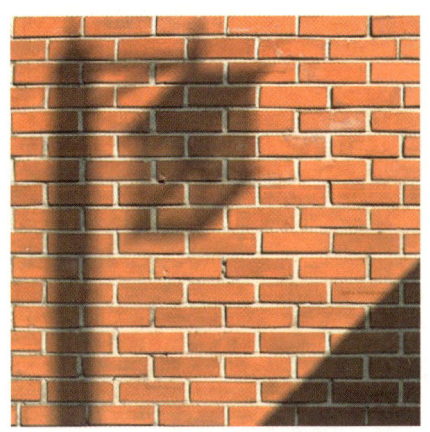

여기 누가 나를 아는 사람 있나? 이것은 리어가 아니다.
리어가 이렇게 걷나? 그의 눈은 어디에 달렸지?
이해력이 약해져 분별력도 마비되어버렸구나.
허! 내가 깨어 있나? 아닐 거야.
내가 누구인지, 내게 말할 수 있는 자는 누구인가?

셰익스피어, 〈리어 왕〉 1막 4장 중에서

자화상

― 서정주 ―

애비는 종이었다. 밤이 깊어도 오지 않았다.
파뿌리 같이 늙은 할머니와 대추꽃이 한 주 서 있을 뿐이었다.
어매는 달을 두고 풋살구가 꼭 하나만 먹고 싶다 하였으나……
흙으로 바람벽 한 호롱불 밑에
손톱이 까만 에미의 아들.
갑오년이라든가 바다에 나가서는 돌아오지 않는다 하는
외할아버지의 숱 많은 머리털과 그 커다란 눈이 나는 닮았다 한다.

스물세 해 동안 나를 키운 건 팔할(八割)이 바람이다.
세상은 가도 가도 부끄럽기만 하더라.
어떤 이는 내 눈에서 죄인을 읽고 가고
어떤 이는 내 입에서 천치를 읽고 가나
나는 아무 것도 뉘우치진 않을란다.

찬란히 틔워 오는 어느 아침에도
이마 위에 얹힌 시의 이슬에는
몇 방울의 피가 언제나 섞여 있어
볕이거나 그늘이거나 혓바닥 늘어뜨린
병든 수캐마냥 헐떡거리며 나는 왔다.

솔직한 고백의 한계와 힘

미용실에 가면 읽게 되는 책이 있다. 한 손으론 들기도 어려울 정도로 엄청난 두께와 무게를 자랑하는, 일명 '여성지'라 불리는 잡지. 그런 잡지들의 겉표지를 보면 상당히 자주 등장하는 단어가 있으니, 바로 '고백'이다. 고백도 그냥 고백이 아니고 '충격 고백', '눈물 고백', '8시간의 고백' 등등 아주 다양하다. 뭐 굳이 여성지로 한정할 필요도 없다. 신문, 인터넷, TV 토크쇼, 예능 프로그램까지 지금 이 시대는 각종 고백들로 넘쳐난다. 가히 '고백의 홍수'라 할 만한데, 이런 걸 보면 우리는 누군가의 극히 사적인 이야기가 상업적으로 꽤 매력적인 아이템이 되는 세상에서 살고 있다. 사실 이런 말을 하고 있는 나도 누군가의 사적인 고백에 관심이 없다고는 할 수 없다. 게다가 그 고백에서 진정성 같은 것이 느껴지는 순간(물론 이런 순간이 자주 찾아오지는 않지만), 흔히 많은 사람들이 그러하듯 그 고백의 주인공이 행한 어지간한 과오는 충분히 이해해줄 만한 것이라는 확신에 사로잡히곤 한다.

그러면서도 어쩔 수 없이 생기는 의문 하나. '사람이 자신에 대해

100퍼센트 솔직할 수 있을까? 설령 그렇다고 해도 그 솔직함이 과연 완전한 진실에 부합할까?' 이러한 의문이 생기는 이유는 말을 하는 사람이 작정하고 거짓말을 해서가 아니다. 아무리 솔직하게 말한다고 해도 인간이란 어쩔 수 없이 자신의 입장과 인식의 한계에 갇힌 존재이기 때문이다.

실제로 우리는 살면서 종종 'A를 굳이 말하고 싶지 않아서' 혹은 'A를 인식할 능력이 없어서' B를 말하는 순간을 경험하게 된다. 즉 어떤 사람이 스스로에 대해 아무리 정직하게 고백한다고 해도 진실의 전모를 드러내는 데는 한계가 있는 것이다. 흔히 나에 대해 가장 잘 아는 사람은 나 자신이라고 확신하지만, 과연 그럴까? 살다 보면 나도 내가 어떤 사람인지를 도대체 알 수 없을 때가 많다.

'애비는 종이었다'로 포문을 여는 고백이라니! 만일 이 고백의 내용이 여성지에 인터뷰 기사로 실린다면 제목으로 써도 될 만큼 충분히 자극적인 문구다. 게다가 '스물세 해 동안 나를 키운 건 팔할이 바람'이라니! 당장이라도 '나를 키운 건 팔할이 ○○이다'라며 따라 해보고 싶게 만드는 구절이다. '바람'에서 느껴지는 얼마간의 황량함과 낭만성이 '죄인', '천치', '병든 수캐' 등의 자기 비하와 합해지니 오히려 강한 의지와 당당함의 표명이 되어버리는 마법이 이루어졌다.

시인은 이 시를 쓰고 몇 년 후에 우리나라 청년들을 태평양전쟁으로 내모는 친일적인 선동시를 썼다. 또한 환갑이 넘어서는 광주를 피로 물들이며 쿠데타를 통해 권좌에 오른 독재자에게 낯 뜨거운 생일 축하시를 썼다. 혹시 그가 말년에 다시 한 번 '자화상'이라는 제목으로 시를 썼다면 어땠을까 살짝 궁금해지기도 한다.

이 시로 인해 시인이 살면서 저지른 과오들이 없던 일이 될 수는 없다. 고백은 어디까지나 고백일 뿐, 그것이 있던 것을 없던 것으로(혹은 없던 것을 있던 것으로) 만들지는 못하니까. 그렇지만 중요한 것은 그러한 한계에도 불구하고 말하는 사람의 진심이 느껴지는 자기 고백은 듣는 사람의 마음을 움직인다는 사실이다. 시인의 과오가 나를 포함해 많은 이들이 이 시에서 받았던 감동을 훼손하지는 못하는 것처럼. 이렇게 솔직한 데다가 예지 충만한 고백은 분명 힘이 있다.

일찍이 나는

ㄴ 최승자 ㄱ

일찍이 나는 아무 것도 아니었다.
마른 빵에 핀 곰팡이
벽에다 누고 또 눈 지린 오줌 자국
아직도 구더기에 뒤덮인 천년 전에 죽은 시체.

아무 부모도 나를 키워 주지 않았다
쥐구멍에서 잠들고 벼룩의 간을 내먹고
아무 데서나 하염없이 죽어 가면서
일찍이 나는 아무 것도 아니었다.

떨어지는 유성처럼 우리가
잠시 스쳐갈 때 그러므로,
나를 안다고 말하지 말라.
나는너를모른다 나는너를모른다,
너당신그대, 행복
너, 당신, 그대, 사랑

내가 살아있다는 것,
그것은 영원한 루머에 지나지 않는다.

위악 뒤에 숨은 진심

위선과 위악 중에서 어떤 것이 더 나쁠까? 잘 모르겠다. 그런데 이건 분명하다. 위선적인 사람과 위악적인 사람 중에서 더 대하기 쉬운 쪽은 전자라는 걸. 적어도 나에겐 그렇다. 나이를 좀 먹고 사회생활이라는 걸 하다 보니 위선적인 사람 앞에선 (약간의 비위 거슬림만 참아낸다면) 얼마든지 마음속으론 그 사람보다 우위에 서는 은밀한 쾌감을 즐길 수 있게 되었다. 그런데 위악을 떨어대는 사람은 정말 어떻게 대해야 할지 모르겠다. 그나마 위선적인 사람에 비해 그 수가 적다는 사실에서 위안을 찾을 수 있을까.

'일찍이 나는 아무 것도 아니었'으며, '내가 살아있다는 것'이 '루머'일 뿐이라고 위악을 떨어대는 사람을 직접 만나고 싶지는 않다. 하지만 정말 궁금하다. 이 사람은 도대체 왜 이럴까? 이 시가 수록된 《이 시대의 사랑》(문학과지성사, 1981)이라는 시집 전체를 읽다 보면 이유를 알 것 같기도 하다. 시인에게 이 세계는, 더 정확히 말해 1970년대 말과 1980년대 초의 한국 사회는 지옥과도 같았다. 이 세계가 위선과 탐욕으로 깊게 병들어 있다면 아예 '아무 데서나 하염없이 죽어 가면서' 자신의 존재를 지워버리는 것이 함께 병들지 않는 방법인 것.

종종 강한 부정은 강한 긍정이기도 하다. 사랑의 반대는 증오가 아니라 무관심이듯 무엇인가를 과도하게 부정하는 것은 그 무엇에 대한 애정과 관심을 끊을 수 없기 때문이리라. 무엇인가를 가장 완벽하게 혐오하는 방법은 그것에 대한 일체의 관심을 거두어들이는 것. 시인이 자신을 포함한 이 세계의 모든 것을 정말 부정했다면 시를 쓰지도 않았을 것이다. 부정하는 말로 가득 찬 시를 썼다는 건 이 세계에 대해 도저히 관심을 끊을 수 없었기 때문이 아닐까. 그러기에 이 시를 반복해서 읽다 보면 아이러니하게도 '나는 아무 것도 아니었다'에선 '나도 무엇인가가 되고 싶다'는 욕망이, '나는너를모른다'에선 '나는 너를 알고 싶다'는 열망이 느껴진다. 이렇게 지독한 방식으로 말할 수밖에 없었던 사정이, 시인의 참혹한 내면이 슬프고 안타깝지만.

거울

⌐ 이상 ⌐

거울속에는소리가없소
저렇게까지조용한세상은참없을것이오

거울속에도내게귀가있소
내말을못알아듣는딱한귀가두개나있소

거울속의나는왼손잡이오
내악수를받을줄모르는—악수를모르는왼손잡이오

거울때문에나는거울속의나를만져보지를못하는구료마는
거울아니었든들내가어찌거울속의나를만나보기만이라도했겠소

나는지금거울을안가졌소마는거울속에는늘거울속의내가있소
잘은모르지만외로된사업(事業)에골몰할게요

거울속의나는참나와는반대요마는
또꽤닮았소.
나는거울속의나를근심하고진찰할수없으니퍽섭섭하오.

내 안의 또 다른 나

고등학교 2학년 때 문학 참고서에서 처음 이 시를 접했다. 그 당시의 느낌을 한마디로 표현하자면 놀라움이었다. 단 그 놀라움은 이 시에서 비롯된 것이 아니라 이 시에 대한 참고서의 설명에서 비롯된 것이었다. 정확히는 기억나지 않지만 '현대인의 자아분열과 갈등을 자동기술법으로 표현한 초현실주의 시' 어쩌고저쩌고하면서 이 시를 설명했던 것 같다. 난 이 설명을 읽은 후 혼란에 빠졌다. 왜냐하면 난 이 시가 띄어쓰기를 하지 않은 점을 빼곤 그다지 이상하게 느껴지지 않았고, 더 나아가 이 시에 공감했기 때문이었다. 그런데 자아분열이라니. 혹시나 내가 이상한 사람인가 싶어 자못 심각해졌다.

지킬 박사와 하이드처럼 극단적인 경우는 아니더라도 우리는 살면서 자신의 내면에 자신도 의식하지 못하는 또 하나의 내가 있는 것 같은 느낌이 들 때가 있다. 내가 왜 그런 말을 하고 행동을 했는지 도저히 납득이 안 됐던 경험을 떠올린다면 거울 속의 나와 거울 밖의 나를 분리한 것이 그렇게 이해하기 힘든 설정은 아니지 않은가.
이 시를 읽을 때마다 '거울 속의 나'에 대해 생각해보게 된다. 일상을 살아가는 나의 내면에 자리 잡고 있는 또 다른 나. 나와 반대인 것 같지만 꽤 닮기도 한 나. 나 말고는 자세하게 알 수 없는 나. 때로는 나와 소통하고 싶은데 잘 되지 않아 답답한 나. 혹은 나와 소통하려고 하지 않는 고집 센 나. 그럼에도 나 아니면 걱정하고 보살펴줄 이가 없는, 결국 내가 안아줄 수밖에 없는 나.

등

ㄴ 이형기 ㄱ

나는 알고 있다
네가 거기
바로 거기 있는 것을 분명히 알고 있다

그러나 아무리 팔을 뻗어도
내 손은 네게 닿지 않는다
무슨 대단한 보물인가 어디
겨우 두세 번 긁어 대면 그만인
가려움의 벌레 한 마리
꼬물대는 그것조차
어쩌지 못하는 아득한 거리여

그래도 사람들은 너와 내가 한 몸이라 하는구나
그래그래 한 몸
앞뒤가 어울려 짝이 된 한 몸

뒤돌아보면
이미 나의 등 뒤에 숨어 버린 나
대면할 길 없는 타자(他者)가
한 몸이 되어 함께 살고 있다
이승과 저승처럼

내 뒷모습의 표정

몇 년 전에 누군가가 찍어준 나의 뒷모습 사진을 보고 기분이 이상했던 적이 있다. 너무나 낯설게 느껴져 한참을 쳐다본 후에야, 그리고 이게 진짜 나인가를 몇 번 의심한 후에야 받아들였던 기억이 난다. 물론 이 낯섦과 의심은 평소에 그다지 관심이 없었고, 그러기에 알지 못한 대상 앞에서 느낀 감정이었을 터. 그러고 보면 아무리 잘난 척을 해봐야 인간이란 동물도 자신의 뒷모습은 다른 사람이 사진을 찍어주든지, 아니면 최소 두 개의 전신 거울이 있어야 볼 수 있는 것이다.

남자든 여자든 사람은 자신의 얼굴로 표정을 짓고 손짓을 하고 몸짓과 발걸음으로 자신을 표현한다. 모든 것이 다 정면에 나타나 있다. 그렇다면 그 이면은? 뒤쪽은? 등 뒤는? 등은 거짓말을 할 줄 모른다. 너그럽고 솔직하고 용기 있는 사람이 내게 왔다가 돌아서서 가는 모습을 보면서 나는 그것이 겉모습에 불과했었음을 얼마나 여러 번 깨달았던가. 돌아선 그의 등이 그의 인색함, 이중성, 비열

함을 역력히 말해주고 있었으니!

— 미셸 트루니에,《뒷모습》(에두아르 부바 사진, 현대문학, 1999) 중에서

미셸 트루니에는 총 53장의 뒷모습 사진들로 이루어진 위의 책에서 이렇게 주장한다. '뒤쪽이 진실이다!'라고.

얼마 전 매사 자신감이 넘치고 유머러스한 선배의 뒷모습을 우연히 본 적이 있다. 웃으면서 인사를 하고 그가 돌아서는데, 살짝 구부정한 그의 등과 처진 어깨가 이상하게도 쓸쓸하게 느껴졌다. 그걸 보고 나는 그가 말을 안 하지만 요즘 힘든 일이 있나, 아니면 원래부터 '외강내유'인 사람이 아니었을까 혼자 짐작했다.
그나저나 수시로 들여다보는 내 앞모습과 '어쩌지 못하는 아득한 거리'로 떨어져 있는 내 뒷모습, '뒤돌아보면 / 이미 나의 등 뒤에 숨어버린 나' 혹은 '대면할 길 없는 타자(他者)'는 지금 이 순간 어떤 표정으로 무슨 생각을 하고 있을까.

난 나를 본 적이 없다

이승훈

더운 여름 아파트 앞 구두 수선소 작은 의자에 앉아 구두 고치는 걸 구경할 때 수선소 아저씨가 말하네 글쎄 언젠가 교수님 지나가는 걸 보고 어떤 손님에게 저 분이 알아주는 대학 교수라고 했더니 그 분 말씀이 교수 같지 않다고 해요 그래서 제가 말했죠 아닙니다 알 아주는 대학 교수입니다 제가 잘 아는 분인데 아주 소박하신 분입 니다 그래요? 난 웃으며 말했지 내가 생각해도 그래요 교수가 도 무지 왜소하고 품위가 없잖아요? 여기 앉아 저쪽으로 걸어가는 나 를 본다면 나도 그럴 겁니다 난 나를 본 적이 없으니까요

누군가의 눈동자 속에 비친 나

새삼스럽지만 충격적인 진실 하나. 나는 나를 한 번도 본 적이 없다!

물론 매일 거울은 들여다본다. 하지만 거울 속의 나는 엄밀히 말해 진짜 나라고 할 수 없다. 거울 속의 나는 일단 거울을 들여다보는 나와 좌우가 바뀌어 있다. 게다가 거울을 들여다보는 나는 시시각각 기분이 변하는 변덕스러운 존재이며, 나 자신도 미처 인식하지 못하는 모종의 기대와 욕망을 지닌 존재이다. 그리고 그 변덕과 기대와 욕망은 원래의 나를 제대로 볼 수 없게 만든다.

그렇다면 사진이나 동영상은? (특별한 기술적 처리를 하지 않는다면) 거울보다는 비교적 정확할 것 같지만 사정은 거울을 볼 때와 크게 다르지 않다.

이제 어디에 기대를 걸어볼 수 있을까. 마지막으로 남은 것이 하나 있다. 바로 '다른 사람의 눈동자'. 어떤 드라마에서 남자 주인공이 여자 주인공에게 "내 안에 너 있다"며 사랑을 고백했지만, 이는 사랑하는 사이에서만 할 수 있는 손발 오그라드는 고백이 아니다. 우리는 모두 우리 안에 다른 누군가를 담고 있기에. 내가 누군가를 바라보면, 그리고 그 누군가가 나를 바라보면 각각의 눈동자 속엔 상대가 있게 되지 않는가.

그렇다면 우리는 타인을 제대로 보고 있는가. 사실 우리가 남을 바라보는 양태는 대체로 이 시의 '손님' 수준에서 크게 벗어나지 못한다. 이미 주입된 관점과 편견, 이미지에서 벗어나지 못한 채 타인을 바라보는 것이다.

남의 눈에서 자유로운 사람은 흔치 않다. 그런데 중요한 건 정작 남은 나만큼 나에게 관심이 없다는 사실이다. 또한 남이 나에게 갖는 관심이란 다분히 나를 대상화해놓고 품는 얄팍한 호기심 수준에서 벗어나지 못할 때가 대부분이다.

내가 나를 냉정하고 객관적인 마음으로 관찰하는 것은 불가능하거나 매우 어려운 일이다. 남이 나를 제대로 보는 것 또한 기대하기 힘든 일이다. 그렇다면 내가 누구인지 말할 수 있는 자는 도대체 누구란 말인가.

두 번째 응시.

내 마음의
　　　주인 되기,
그 어려움에
대하여

관찰하지 않고 인간을 사랑하기는 쉽다.
그러나 관찰하면서도 그 인간을 사랑하기란 얼마나 어려운가.
깊은 사색 없이 단순 소박하기는 쉽다.
그러나 깊이 사색하면서 단순 소박하기란 얼마나 어려운가.
자신을 기만하면서 낙천적이기는 쉽다.
그러나 자신을 기만하지 않으면서 낙천적이기란 얼마나 어려운가.

———

서준식, 《서준식 옥중서한》 중에서

가는 길

⌐ 김소월 ⌐

그립다
말을 할까
하니 그리워

그냥 갈까
그래도
다시 더 한 번……

저 산에도 까마귀, 들에 까마귀,
서산에는 해 진다고
지저귑니다.

앞 강물, 뒷 강물,
흐르는 물은
어서 따라오라고 따라가자고
흘러도 연달아 흡디다려.

좀 쿨하지 못하면 어때?

"좀 찌질해 보여요. 그냥 쿨하게 떠나면 되지 왜 그래요?"

몇 년 전 수업 시간에 이 시에 대한 감상을 물었더니 한 학생이 이런 인상적인 코멘트를 날렸다. 아닌 게 아니라 요즘은 이 '쿨함'이 곧 '선함'이 된 듯하다. 쿨하지 못한 태도는 경멸과 비난을 받아도 마땅하다는 분위기를 느낄 때가 종종 있다. 그래선지 많은 사람들(특히 젊은 사람들)은 쿨해야 한다는 강박관념에 사로잡힌 채 쿨한 사람이 되기 위해 열심히 노력 중이다.

사랑하는 사람과의 이별 앞에서도 담담하고 초연한 것이 쿨한 태도라면, 이 시에서 말하는 이는 확실히 쿨한 사람이 아니다. 그는 분명한 그리움도 자신 있게 말하지 못하는 사람, 그걸 입 밖으로 내는 순간 그러지 않아도 밀려드는 그리움을 더 이상 주체하지 못할 것 같아 두려운 사람, 해 질 무렵 석양을 등에 지고 처연하게 서서 이러지도 저러지도 못한 채 갈등하는 사람이다.

이제까지 살아오면서 쿨하다는 말을 많이 들었다. 오죽하면 교사 시절 학생들이 나에게 붙여준 별명 중에 '쏘쿨경민'이 있었겠는가. 하지만 고백하지 않을 수 없다. 사실 난 쿨하지 않았다. 아니, 못했다. 그저 쿨하게 '보이고' 싶었을 뿐이다. 사실 '쿨한 것'과 '쿨하게 보이고 싶은 것'은 정반대라고 할 수 있다. 타인의 시선으로부터 자유로운 태도가 쿨한 것이라면, 쿨하게 보이고 싶은 것은 철저히 그 시선을 의식하는 심리이니 말이다.

앞의 이야기로 돌아가서, 나는 그 학생에게 이렇게 질문했다.
"그럼 니가 좋아하는 사람이 너한테 쿠울~하게 헤어지자고 하면 니 기분이 어떨 것 같냐?"
그 학생 왈,
"완전 열 받을 것 같아요!"

어떤 사람을 진심으로 사랑했다면 그 사람과의 이별에서 마냥 쿨할 수는 없다. 힘든 상황이라면 충분히 아파하는 사람이 쿨한(더 정확히 말해 남들에게 '쿨하게 보이고 싶어 하는') 사람보다 건강하지 않을까. 정말이지 앞으로는 '쿨하게 보이는' 삶 따위는 살지 않겠다. 뭐 좀 질척거려 보이면 어떤가.

밤에 용서라는 말을 들었다

⌐ 이진명 ⌐

나는 나무에 묶여 있었다. 숲은 검고 짐승의 울음 뜨거웠다. 마을은 불빛 한 점 내비치지 않았다. 어서 빠져 나가야 한다. 몸을 뒤틀며 나무를 밀어댔지만 세상모르고 잠들었던 새 떨어져 내려 어쩔 줄 몰라 퍼드득인다. 발등에 깃털이 떨어진다. 오, 놀라워라. 보드랍고 따뜻해. 가여워라. 내가 그랬구나. 어서 다시 잠들거라. 착한 아기. 나는 나를 나무에 묶어 놓은 자가 누구인지 생각지 않으련다. 작은 새 놀란 숨소리 가라앉는 것 지키며 나도 그만 잠들고 싶구나.

누구였을까. 낮고도 느린 목소리. 은은한 향내에 싸여. 고요하게 사라지는 흰 옷자락. 부드러운 노래 남기는. 누구였을까. 이 한밤 중에.

새는 잠들었구나. 나는 방금 어디에서 놓여난 듯하다. 어디를 갔다 온 것일까. 한기까지 더해 이렇게 묶여 있는데. 꿈을 꿨을까. 그 눈동자 맑은 샘물은. 샘물에 엎드려 막 한 모금 떠 마셨을 때, 그 이상한 전언. 용서. 아, 그럼. 내가 그 말을 선명히 기억해 내는 순간 나는 나무기둥에서 천천히 풀려지고 있었다. 새들이 잠에서 깨며 깃을 치기 시작했다. 숲은 새벽빛을 깨닫고 일어설 채비를 하고 있었다.

얼굴 없던 분노여. 사자처럼 포효하던 분노여. 산맥을 넘어 질주하던 증오여. 세상에서 가장 큰 눈을 한 공포여. 강물도 목을 죄던 어둠이여. 허옇고 허옇다던 절망이여. 내 너에게로 가노라. 질기고도 억센 밧줄을 풀고. 발등에 깃털을 얹고 꽃을 들고. 돌아가거라. 부드러이 가라앉거라. 풀밭을 눕히는 순결한 바람이 되어. 바람을 물들이는 하늘빛 오랜 영혼이 되어.

괴물이 되지 않기 위해

'사람만이 희망이다'라는 책 제목이 있다. '사람이 꽃보다 아름다워'라는 노래 제목도 생각이 난다. 반면 이런 말도 있다. "화형에 쓰는 철판이 필요하지 않다. 지옥, 그것은 타인이다!"(사르트르의 〈닫힌 문〉 중에서.)

누군가가 너무나도 미워서, 그 누군가를 도저히 용서할 수 없어서 힘들었던 경험이 살면서 한 번이라도 있었다면 '타인이 지옥'이라는 사르트르의 말이 단숨에 공감될 것이다. 어쩌면 지옥이라는 말로도 부족할 수 있다. 그 인간은 이미 인간이 아니다! 한마디로 괴물이다!

시인은 꿈(혹은 상상) 속에서지만 나무에 묶여 있었다. 몸부림을 쳐보지만 그럴수록 풀려나기는커녕 나무에서 평화롭게 자고 있던 힘없는 작은 새만 다치게 할 뿐이다. 그걸 보면서 시인은 '나는 나를 나무에 묶어 놓은 자가 누구인지 생각지 않으련다'는 결심을 한다. 그러자 '용서'라는 '이상한 전언'이 기억나면서 비로소 그 나무 기둥에서 풀려난다.

용서란 무엇일까. 흔히 많은 사람들이 용서를 '없던 일로 하는 것'이라고 생각한다. 그런데 이 둘은 분명 다르다고 한다. "용서란 없던 일로 하는 것이 아니라 증오하기를 그만두는 것, 안이하게 화해하거나 묵인하지도 않고, 증오심 없이 기억해두려고 하는 태도"[후지사와 고노스케 지음 · 유진상 옮김, 《철학의 즐거움》(휘닉스, 2011) 중에서)]라는 것이다.

누군가를 용서할 수 없어서 힘든 이유는 바로 그 증오가 낳은 복수심 때문이 아닐까. 단순히 미워하는 것에서 그치지 않고 급기야 그 누군가를 가장 고통스럽게 하는 길이 무엇일까를 열심히 연구하다 보면 내 자신이 점점 괴물이 되어가는 것 같아 오히려 내가 더 고통스러워지는 순간이 분명 나에게도 있었다.

괴물과 싸우는 사람은 그 싸움 속에서 스스로도 괴물이 되지 않도록 조심해야 한다. 우리가 괴물의 심연을 오랫동안 들여다보면, 그 심연 또한 우리를 들여다보게 될 것이다.

― 프리드리히 니체, 《선악을 넘어서》 중에서

내가 누군가를 용서하기로 마음먹었을 때, 그건 그 사람을 위해서가 아니었다. 그건 괴물이 되어가는 것 같은 나의 모습이 너무 무섭고 싫었기 때문에, 그 모습으로 나무 기둥에 꽁꽁 묶여 있는 상황이 너무 힘들었기 때문에, 거기에서 풀려나고 싶은 마음이 정말이지 간절했기 때문이었다.

질투는 나의 힘

└ 기형도 ┘

아주 오랜 세월이 흐른 뒤에
힘없는 책갈피는 이 종이를 떨어뜨리리
그때 내 마음은 너무나 많은 공장을 세웠으니
어리석게도 그토록 기록할 것이 많았구나
구름 밑을 천천히 쏘다니는 개처럼
지칠 줄 모르고 공중에서 머뭇거렸구나
나 가진 것 탄식밖에 없어
저녁 거리마다 물끄러미 청춘을 세워 두고
살아온 날들을 신기하게 세어 보았으니
그 누구도 나를 두려워하지 않았으니
내 희망의 내용은 질투뿐이었구나
그리하여 나는 우선 여기에 짧은 글을 남겨 둔다
나의 생은 미친 듯이 사랑을 찾아 헤매었으나
단 한 번도 스스로를 사랑하지 않았노라

나를 주저앉히면서 일으키는 힘, 열등감

국어사전을 찾아보니 '질투'를 이렇게 정의했다.
 ① 상대의 이성(異性)이 다른 이성을 좋아함을 미워하는 샘.
 ② 우월한 사람을 시기하고 증오하는 감정.

보통 우리는 질투를 ①의 의미로 많이 쓰지만 이 시에서 말하는 질투는 ②에 가까워 보인다. 그렇다면 이 질투와 불가분의 관계에 있는 것은 뭘까? 바로 '열등감'이다. 질투와 열등감은 서로가 서로에게 부모와 자식의 역할을 동시에 한다. 질투는 열등감에서 태어나고, 또한 열등감은 질투의 씨앗이 되니 말이다.

열등감은 자신을 있는 그대로 받아들이고 존중하는 마음인 자존감의 반대편에 있는 감정이다. 자존감(자존심이 아니라!)이 강한 사람은 어려운 상황에 처해도 자신에 대한 믿음으로 잘 헤쳐 나갈 수 있다. 이에 반해 열등감에 빠진 사람은 조그만 외부 자극에도 많이 흔들린다. 그러니 머릿속에 오만 가지 상념이 떠날 새가 없을 수밖에. 시에서도 그 상념이 얼마나 많았으면 그것을 '기록'하기 위해 급기야 마음에 '공장'을 세웠다고 했겠는가. '그 누구도 나를 두려워하지 않았'

던 것도 당연한 결과. 자기 스스로를 인정하고 사랑하지 않은 사람을 그 누가 알아줄 것인가.

어렸을 적 나는 무척이나 자존심이 강한 아이였다. 사람이 모든 걸 잘할 수는 없는 노릇임에도 뭘 못한다는 지적을 듣는 일이 정말이지 끔찍했다. 겉으로는 아무렇지 않은 척했지만 마음속으론 그런 말을 한 사람과 참혹한 모의 전쟁을 벌였다. 상대가 부모님이든 선생님이든 친구든, 하다못해 동생이든 간에 말이다. 그러다가 어느 순간 알게 되었다. 이 과도한 자존심이란 결국 지독한 열등감의 짝꿍이었다는 걸(실제로 자존심이 강한 사람들 가운데 정작 자존감은 낮은 경우가 많다고 한다).

질투와 열등감은 분명 사람을 힘들고 아프게 한다. 그렇지만 때때로 그것은 삶을 앞으로 나가게 하는 동력이 되기도 한다. 그 열등감에서 해방되기 위한 모든 노력 자체가 곧바로 성장과 성숙의 밑거름이 될 수 있기에. 열등감은 자신의 가장 밑바닥을 볼 수 있게 하며, 그리하여 그 바닥을 치고 올라올 수 있는 기회를 마련해주기도 하니까. 내가 책 읽기에 집착했던 이유를 생각해보면 거기에 열등감과 질투가 있었다. 그리고 나는 이 책 읽기를 통해 그것을 극복할 힘을 얻었다. 분명 '질투는 나의 힘'이기도 했던 것이다.

다만 중요한 것. 어제의 질투는 정말이지 어제로 끝내야 한다! 어제의 질투를 오늘로 끌어오고 급기야 내일까지 밀어 올리는 건 나를 갉아먹는 짓이기에. 그러기 위해서 제일 먼저 할 일은 나 자신을 있는 그대로 인정하고 존중하는 것일 게다. 오로지 '다른 사람들이 날 어떻게 생각할까'에만 갇혀 있는 사람은 열등감과 질투의 감옥에서 영원히 풀려나올 수 없으므로.

한 번, 한 번이 쪽팔린 거야. 싸가지 없는 놈들이야 남의 약점 가지고 놀려먹는다만, 그런 놈들은 상대 안하면 돼. 니가 속에다 그걸 숨겨 놓으려니까 너 대신 누가 그걸 들추면 상처가 되는 거야. 상처가 되기 싫으면 그냥 그렇다고 니 입으로 말해 버려. 나중에 나이 먹으면 쪽팔려한 게 더 쪽팔려져.

- 김려령, 《완득이》(창비, 2008) 중에서

어느날 고궁을 나오면서

⌐ 김수영 ⌐

왜 나는 조그마한 일에만 분개하는가
저 왕궁 대신에 왕궁의 음탕 대신에
오십 원짜리 갈비가 기름덩어리만 나왔다고 분개하고
옹졸하게 분개하고 설렁탕집 돼지같은 주인년한테 욕을 하고
옹졸하게 욕을 하고

한번 정정당당하게
붙잡혀간 소설가를 위해서
언론의 자유를 요구하고 월남파병에 반대하는
자유를 이행하지 못하고
이십 원을 받으러 세 번씩 네 번씩
찾아오는 야경꾼들만 증오하고 있는가

옹졸한 나의 전통은 유구하고 이제 내 앞에 정서로
가로놓여 있다
이를테면 이런 일이 있었다
부산에 포로수용소의 제14야전병원에 있을 때
정보원이 너어스들과 스폰지를 만들고 거즈를
개키고 있는 나를 보고 포로경찰이 되지 않는다고
남자가 뭐 이런 일을 하고 있느냐고 놀린 일이 있었다

너어스들 옆에서

지금도 내가 반항하고 있는 것은 이 스폰지 만들기와
거즈 접고 있는 일과 조금도 다름없다
개의 울음소리를 듣고 그 비명을 지고
머리도 피도 안 마른 애놈의 투정에 진다
떨어지는 은행나무잎도 내가 밟고 가는 가시밭

아무래도 나는 비켜서 있다 절정 위에는 서 있지
않고 암만해도 조금쯤 옆으로 비켜서 있다
그리고 조금쯤 옆에 서 있는 것이 조금쯤
비겁한 것이라고 알고 있다!

그러니까 이렇게 옹졸하게 반항한다
이발쟁이에게
땅주인에게는 못하고 이발쟁이에게
구청직원에게는 못하고 동회직원에게도 못하고
야경꾼에게 이십 원 때문에 십 원 때문에 일 원 때문에
우습지 않으냐 일 원 때문에

모래야 나는 얼마큼 적으냐
바람아 먼지야 풀아 나는 얼마큼 적으냐
정말 얼마큼 적으냐……

참을 수 없는 존재의 찌질함

언젠가 인간을 다음 네 가지 유형으로 분류할 수 있지 않을까 하는 생각을 했다.

① 강자에게 강하고 약자에게 약한 인간
② 강자에게도 강하고 약자에게도 강한 인간
③ 강자에게도 약하고 약자에게도 약한 인간
④ 강자에게 약하고 약자에게 강한 인간

①은 정말이지 훌륭하다고밖에 말할 수 없는 유형이다. 물론 이런 사람으로 사는 것은 매우 힘들며, 그러기에 그 수도 극히 적다. 원래 고귀한 것은 희소한 법이니까.
②는 강직하다는 평가를 들을 수는 있겠지만 좀 팍팍한 유형이다. 이런 유형은 친구는 별로 없고 적이 많겠지. '성질 더럽다'는 말을 많이 들으면서 살 것이다.
'착하다'는 평가를 듣는 사람들이 대체로 ③에 속한다. 특히 여린 것과 착한 것을 혼동하는 사회에서는 말이다. 거절을 잘 못 하는 성격

이라 본인은 스트레스가 심할지도 모른다. 굳이 따지자면 가장 '인간적인' 유형이라고 할 수도 있겠다.

문제는 ④다. 이런 인간 정말 짜증 난다. 이런 인간에게 당한 적이 있다면 말할 것도 없고 상상하는 것만으로도 욕을 한바탕 해주고 싶어진다. "이 찌질한 인간아!"라고.

막상 이렇게 말하고 나니 마음이 편치가 않다. 그렇다면 난 어떤 유형이라는 말인가. 양심상 차마 ①이라고는 말 못하겠다. 어쩌면 나는 살면서 때때로 스스로 게거품 물며 욕하는 ④였을지도 모른다. 너무 냉소적인 시각인지는 모르겠으나 적어도 내가 보기에 이 땅을 살아가는 대부분의 사람들은 ④에 가까우니까.

가끔 연예인들에게 할 말 못 할 말 가리지 않고 해대는 악플러들을 보면 복잡한 마음이 든다. 그들이 하는 말이 사실이고 아니고를 떠나서 보다 근본적인 문제를 생각하게 되기 때문이다. 한마디로 '그게 그렇게 중요한가?'라는 의문이 드는 것이다. 게다가 그들의 생활을 캐내는 것이 무슨 사회정의를 바로 세우는 것인 양 주장하는 댓글을 보면 하도 어이가 없어서 웃음이 나온다. 도대체 그게 뭐라고 이토록 난리를 피운단 말인가.

연예인은 대통령이나 국회의원 같은 공인이 아니다. 그들이 벌어들이는 수입과 차지하고 있는 영예는 우리가 낸 세금과는 관계가 없다. 다만 자신의 사적인 일이 대중에게 노출되는 성격을 지녔을 뿐이다. 그럼에도 왜 사람들은 그들에 대해 함부로 떠드는가. 그들이 상대적으로 약자이기 때문이다. 아무리 유명하고 돈을 많이 번다고 해도 그들의 존재 조건은 많은 이들의 시선에 취약하기 때문이다. 그러니 '왕궁의 음탕'에 대해서는 말하지 못하고 그들을 기어이 '설렁탕 집 돼지같은 주인년'으로 만들어 욕을 해대는 것이다.

아! 이토록 '조그마한 일에만 분개하는' 찌질함이여!

울음이 타는 가을 강

⌐ 박재삼 ⌐

마음도 한자리 못 앉아 있는 마음일 때,
친구의 서러운 사랑 이야기를
가을 햇볕으로나 동무 삼아 따라가면,
어느새 등성이에 이르러 눈물 나고나.

제삿날 큰집에 모이는 불빛도 불빛이지만,
해질녘 울음이 타는 가을 강을 보겠네.

저것봐, 저것봐,
네보담도 내보담도
그 기쁜 첫사랑 산골 물소리가 사라지고
그 다음 사랑 끝에 생긴 울음까지 녹아나고
이제는 미칠 일 하나로 바다에 다 와 가는
소리 죽은 가을 강을 처음 보겠네.

슬퍼서 아름다운, 혹은 아름다워서 슬픈

어렸을 적, 해 질 무렵이 되면 까닭 없이 서글퍼지곤 했다. 더군다나 잠깐 낮잠을 자다가 깼는데 창밖으로 노을이 하늘을 물들이고 있는 광경을 보면 그 서글픔이 몇 배가 되어 눈물까지 나곤 했다. 특별한 이유도 없었고, 그렇다고 엄청나게 예민한 감수성을 지녔던 것도 아니었는데 말이다. 추측건대 노을이 연상시키는 '소멸'을 논리가 아닌 직관으로 느끼지 않았나 싶다. 노을이란 오늘 하루가 이렇게 사라져 간다는 걸 보여주는 상징이었으니까. 그런데 어린 내 눈에도 낮은 하늘을 현란한 색깔로 물들이고 있는 노을이 가슴이 저릴 정도로 아름답게 보였다. 그 광경을 보며 막연하게나마 '너무 아름다운 걸 보면 이렇게 슬플 수도 있구나'라는 생각을 했던 것 같다.

쓸쓸한 어느 가을날의 저녁 무렵 붉은 노을에 불타고 있는 강의 이미지가 그려지는 이 시를 읽노라면, 어렸을 적 그 순간들이 떠오른다. '마음도 한자리 못 앉아 있는 마음'이라니. 얼마나 절묘한 표현인가. 여러 감정이 뒤엉켜 복잡하고 심란한 마음, 조그만 자극에도 금방 휘둘릴 수밖에 없는 상태다 보니 '친구의 서러운 사랑 이야기'에도 눈물이 나는 것이다.

그 마음이 바라보는 강은 어떤가. 젊은 시절의 '기쁜 첫사랑 산골 물소리'와 더 이상 젊지 않은 시절의 상실과 좌절('사랑 끝에 생긴 울음')을 모두 껴안고 강은 유유히 바다로 흘러간다. 바다는 강의 최종 도착지지만 바다에 도착한 강은 더 이상 강이 아니다. 한마디로 강의 소멸이며 죽음인 것. 그럼에도 강은 동요하지 않고 묵묵히 흘러간다. 그런 '소리 죽은 가을 강'을 보면 자신이 느끼는 서러움이 얼마나 자잘할 것인가를 깨달으면서 깊은 슬픔과 황홀한 아름다움을 동시에 느끼게 된다.

지금도 가끔 노을을 볼 때면 '저건 어쩌면 이미 죽은 자들이 아직 살아 있는 사람들에게 보내는 메시지가 아닐까' 하는 느낌이 들곤 한다. '사는 게 때때로 힘들더라도 살아 있다는 건 이렇게 아름다운 거야, 그러니 힘내'라고…….

세 번째 응시.

나를
지탱해주는
것

참으로 신비로운 것은 그처럼 침통한 슬픔이
지극히 사소한 기쁨에 의하여 위로된다는 사실이다.
큰 슬픔이 인내되고 극복되기 위해서
반드시 동일한 크기의 기쁨이 필요한 것은 아니다.
작은 기쁨이 이룩해내는 엄청난 역할이 놀랍다.

신영복, 《감옥으로부터의 사색》 중에서

남신의주유동박시봉방

└ 백석 ┘

어느 사이에 나는 아내도 없고, 또,
아내와 같이 살던 집도 없어지고,
그리고 살뜰한 부모며 동생들과도 멀리 떨어져서,
그 어느 바람 세인 쓸쓸한 거리 끝에 헤매이었다.
바로 날도 저물어서,
바람은 더욱 세게 불고, 추위는 점점 더해 오는데,
나는 어느 목수네 집 헌 삿을 깐,
한 방에 들어서 쥔을 붙이었다.
이리하여 나는 이 습내나는 춥고, 누긋한 방에서,
낮이나 밤이나 나는 나 혼자도 너무 많은 것같이 생각하며,
질옹배기에 북덕불이라도 담겨 오면,
이것을 안고 손을 쬐며 재 위에 뜻 없이 글자를 쓰기도 하며,
또 문 밖에 나가지도 않고 자리에 누워서,
머리에 손깍지 베개를 하고 굴기도 하면서,
나는 내 슬픔이며 어리석음이며를 소처럼 연하여 새김질하는 것
    이었다.
내 가슴이 꽉 메어 올 적이며,
내 눈에 뜨거운 것이 핑 괴일 적이며,
또 내 스스로 화끈 낯이 붉도록 부끄러울 적이며,
나는 내 슬픔과 어리석음에 눌리어 죽을 수밖에 없는 것을 느끼는

것이었다.
그러나 잠시 뒤에 나는 고개를 들어,
허연 문창을 바라보든가 또 눈을 떠서 높은 천장을 쳐다보는 것인데,
이때 나는 내 뜻이며 힘으로, 나를 이끌어 가는 것이 힘든 일인 것을 생각하고,
이것들보다 더 크고, 높은 것이 있어서, 나를 마음대로 굴려 가는 것을 생각하는 것인데,
이렇게 하여 여러 날이 지나는 동안에,
내 어지러운 마음에는 슬픔이며, 한탄이며, 가라앉을 것은 차츰 앙금이 되어 가라앉고,
외로운 생각만이 드는 때쯤 해서는,
더러 나줏손에 쌀랑쌀랑 싸락눈이 와서 문창을 치기도 하는 때도 있는데,
나는 이런 저녁에는 화로를 더욱 다가끼며, 무릎을 꿇어 보며,
어느 먼 산 뒷옆에 바위 섶에 따로 외로이 서서,
어두워 오는데 하이야니 눈을 맞을, 그 마른 잎새에는,
쌀랑쌀랑 소리도 나며 눈을 맞을,
그 드물다는 굳고 정한 갈매나무라는 나무를 생각하는 것이었다.

나를 끌어가는 더 크고 높은 것

"행복이란 죽을힘을 다해 어떤 불행을 극복한 후에 그다음 불행이 찾아올 때까지 아주 잠깐 찾아오는 휴식 시간이 아닐까."

언젠가 행복을 뭐라고 생각하느냐는 친구의 질문에 이렇게 대답한 적이 있다. 지금 보니 냉소와 허세가 범벅이 된 조금은 낯 뜨거운 말이다. 뭐 그렇게나 엄청난 불행을 헤치면서 드라마틱하게 살아오지도 않은 주제에 말이다. 아마도 당시 무슨 일인가로 마음이 단단히 꼬여있었던 게 틀림없다.

흔히들 행복은 마음에 달려 있다고 한다. 하지만 아무리 그렇다 해도 불행의 엄연한 현존을 부정할 순 없는 노릇이다. 우리는 때때로 감당하기 어려운 불행, 참을 수 없는 모욕을 감내해야 하는 순간을 이미 겪었거나 앞으로 겪을 수 있는 것이다. 극단적으로는 '이렇게 사는 것이 무슨 의미가 있을까, 차라리 죽는 편이 나을 것 같다'는 생각이 들 때도 있을지 모른다.

시인은 지금 고독하고 참담한 상황에 처해 있다. 경제적으로도 정신적으로도 갈 데까지 간 것으로 보인다. 그러기에 그의 내면은 회한과 슬픔으로 가득 차 있다. 그는 '나 혼자도 너무 많은 것같'다는 생각을 하며, 급기야 '내 슬픔과 어리석음에 눌리어 죽을 수밖에 없는 것'을 느낀다.

그런데 중반부의 '그러나'에서부터 드라마틱한 반전이 시작된다. 그는 돌연 자신을 이끌어가는 '더 크고, 높은 것'을 생각한다. 이 '더 크고, 높은 것'이란 뭘까? 맥락상 '운명'으로 읽힌다. 그렇다면 시인은 자신의 운명에 체념한 것일까? 단순히 그런 것 같지는 않다. 시인은 스스로를 부정하며 죽음까지 생각할 정도로 절망의 맨 밑바닥에 있었다. 그런 사람이 가까스로 건져 올린 '더 크고, 높은 것'이라면 인생의 섭리에 대한 깨달음이지 않을까. 시인은 이를 겸허한 마음으로 긍정한다.

어디선가 들은 말인데, 우리나라 고등학교 급훈 중에 제일 많은 것이 바로 '하면 된다'라고 한다(생각해보니 내가 중학교 2학년 때 우리 반 급훈도 이 '하면 된다'였다). 그런데 난 이 말이 예나 지금이나 별로 마음에 들지 않는다. '하면 된다'니! 어떻게 모든 일이 하면 된다는 말인가! 무조건 '하면 된다'고 몰아치는 태도는 때때로 오만과 독선으로 이어질 뿐 아니라, 최선을 다했음에도 뜻을 이루지 못한 사람들, 무언가를 시작하기도 어려울 만큼 열악한 상황에 있는 사람들을 좌절의 늪에 빠뜨리는 폭력이 되기도 한다.

물론 무언가를 이루기 위해 최선을 다하는 것은 매우 중요하다. 특히 앞길이 창창한 젊은이라면 말이다. 그렇지만 이 세상엔 의지와 노력만으로는 되지 않는 것이 분명 있음을, 그리고 무언가를 이루지 못했다고 해서 자신이 절대 무가치한 존재가 아님을 아는 것이 더 중요하지 않을까. 적어도 OECD 가입 국가 중 자살률 1위라는, 20~30대 사망률 원인 1위가 자살이라는 이 비극에서 벗어나기 위해서는 말이다.

눈물

김현승

　　　　　　　　　　더러는
　　옥토(沃土)에 떨어지는 작은 생명이고저……

　　　　　　　　　흠도 티도,
　　　　　　　　 금가지 않은
　　　　　나의 전체는 오직 이뿐!

　　　　　　　더욱 값진 것으로
　　　　　　　드리라 하올 제,

　　나의 가장 나아종 지닌 것도 오직 이뿐!

　　아름다운 나무의 꽃이 시듦을 보시고
　　　　열매를 맺게 하신 당신은

　　　　나의 웃음을 만드신 후에
　　새로이 나의 눈물을 지어 주시다.

나의 눈물을 지어주시고 받아주실 분

자식이 부모보다 먼저 죽는 것을 '참척(慘慽)'이라고 한다. 말 그대로 참혹한 슬픔이라는 뜻인데, 어쩌면 사람이 살면서 당할 수 있는 고통 중에서 최고봉이 바로 이 '참척'이 아닐까. 옛말에 부모가 죽으면 산에 묻고 자식이 죽으면 가슴에 묻는다고 하지 않았는가.
얼마 전 작고한 소설가 박완서 선생은 겨우 스물다섯 살 먹은 외아들을 교통사고로 잃은 후의 충격과 슬픔을 이렇게 드러냈다.

내가 교만의 대가로 이렇듯 비참해지고 고통 받는 것은 당연하다고 치자. 그럼 내 아들은 뭔가. 창창한 나이에 죽임을 당하는 건 가장 잔인한 최악의 벌이거늘 그 애가 무슨 죄가 있다고 그런 벌을 받는단 말인가. 이 에미에게 죽음보다 무서운 벌을 주는 데 이용하려고 그 아이를 그토록 준수하고 사랑 깊은 아이로 점지하셨더란 말인가. 하느님이란 그럴 수도 있는 분인가. 사랑 그 자체란 하느님이 그것밖에 안 되는 분이라니. 차라리 없는 게 낫다. 아니 없는 것과 마찬가지다. 다시금 맹렬한 포악이 치밀었다. 신은 죽여도 죽여도 가장 큰 문젯거리로 되살아난다. 사생결단 죽이고 또 죽여 골백 번 고쳐 죽여도 아직 다 죽일 여지가 남아 있는 신, 증오의 최대의 극치인 살의(殺意), 나의 살의를 위해서도 당신은 있어야 돼. 암 있어야 하구말구.

— 박완서, 《한 말씀만 하소서》(세계사, 2004) 중에서

읽는 것만으로도 숨이 멎을 것 같은 어미의 절규 앞에서 무슨 말을 더 보탤 것인가. 그저 망연해질 뿐이다.

김현승의 〈눈물〉은 시인이 사랑하는 어린 아들을 잃은 뒤에 쓴 작품이라고 알려져 있다. 그런데 언뜻 봐도 위의 글과 분위기가 너무나 다르다. 제목은 '눈물'인데 시에선 눈물은커녕 눈물의 흔적도 찾기 어렵다.

시인에게 웃음이 꽃이라면 눈물은 열매다. 꽃은 아름답지만 금방 시든다. 꽃이 시든 자리에 열매가 맺힌다. 나무 입장에서 보면 화려하지만 일시적인 꽃보다는 근본적인 결실이라고 할 수 있는 열매가 더 소중하듯, 시인은 사람에게도 웃음보다 눈물이 더욱 귀하다고 생각한다. 사람은 눈물을 통해 이 '눈물을 지어 주시'는 절대자에게 더 가까이 갈 수 있으니까. 행복에 겨워 웃는 사람보다는 고통 속에서 눈물 흘리는 사람이 신을 더욱 찾을 수밖에 없으니. 그러기에 눈물은 '나의 전체'이자, '나의 가장 나아종 지닌 것'이 될 수 있다.

시인은 상당히 높은 차원의 신앙에 도달한 사람으로 보인다. 이토록 참혹한 슬픔 속에서 눈물을 신의 선물로 여기는 것은 결코 아무나 취할 수 있는 태도가 아니다. 그래선지 나는 이 시가 감탄스럽기

는 하지만 박완서 선생의 절규에 더 감정이입이 된다. 이는 신앙심의 수준 차이 때문이기도 하지만 내가 아버지가 아닌 엄마라 그럴지도 모르겠다. 그러면서 한편으로 드는 생각. 시련과 고통을 통해 나에게 눈물을 알게 하는 존재가 신이라면 그 눈물을 마지막까지 받아주는 존재도 결국 신이지 않겠는가. 그런 존재가 있다는 것이 얼마나 큰 위안과 힘이 되는가. 박완서 선생도 아들을 잃은 지 20년 정도가 지난 후에 한 인터뷰에서 이렇게 말했다.

아들을 잃어버린 시기는 가장 강하게 신을 부정한 시간이기도 했지만 우리가 무(無)를 부정할 수 없지 않아요? 어떤 신적인 존재가 있고, 그리고 그가 어떤 분이라고 생각이 내게 있었으므로 "대체 왜 내게 이런 일이 일어났습니까?"라고 끊임없이 질문했던 거죠. 그 순간 내가 질문을 던질 상대가 있었다는 사실이 중요하다고 생각합니다. 한없이 낮고 비루해지면 신이 보여요. 물론 그렇게 해서 신을 보라고 말하고 싶지는 않지만.

— 김혜리, 《그녀에게 말하다》(씨네21, 2008) 중에서

절정

— 이육사

매운 계절의 채찍에 갈겨
마침내 북방으로 휩쓸려 오다

하늘도 그만 지쳐 끝난 고원
서릿발 칼날 진 그 위에 서다

어디다 무릎을 꿇어야 하나
한 발 재겨디딜 곳조차 없다

이러매 눈 감아 생각해 볼밖에
겨울은 강철로 된 무지갠가 보다

성냥팔이 소녀가 마지막에 본 것

때는 너무나 추운 한 해의 마지막 날. 한 굶주린 소녀가 맨발로 걸어 다니며 성냥을 판다. 성냥을 다 팔기 전에는 집에 돌아갈 수 없다. 가족이라곤 아버지밖에 없는데, 그 아버지는 소녀가 성냥을 다 팔아 돈을 가져오지 못하면 소녀를 마구 때리고 다시 내쫓아버릴 것이기 때문이다. 소녀는 길을 걸어가는 사람들에게 성냥을 사달라고 애걸해보지만 사람들은 모른 척하고 지나갈 뿐이다. 어느덧 밤이 되어 너무 춥고 배고프고 막막해진 소녀는 어느 건물 벽에 기대어 앉아 꽁꽁 언 손을 녹이기 위해 성냥 한 개비를 긋는다. 그 순간 타오르는 불꽃 속에서 너무나 아름다운 환상이 소녀의 눈앞에 펼쳐진다.
커다란 난로와 맛있는 음식이 차려진 식탁, 빛나는 크리스마스트리가 나타나고, 그 트리에 달린 불빛 가운데 돌아가신 소녀의 할머니가 보인다. 소녀는 할머니에게 자신을 행복한 곳으로 데려가달라고 부탁하며 할머니의 모습을 계속 보기 위해 남은 성냥을 모두 써버린다. 그리고 주위가 환해지며 소녀는 할머니에게 안겨 하늘 높이 올라간다.
다음 날 아침 소녀는 얼어 죽은 채로 발견된다. 그런데 그 소녀의 얼굴은 고통스러워 보이지 않고 오히려 미소를 띠고 있다. 물론 사람들은 그 소녀가 죽어가며 무엇을 보고 느꼈는지를 모른다.

안데르센의 동화 〈성냥팔이 소녀〉의 줄거리다. 어렸을 적 이 동화를 읽으며 눈물을 찔끔거렸지만 도대체 이해가 되지 않는 점이 하나 있었다. '소녀는 왜 집으로 들어가지 않고 그 추운 날 성냥을 팔고 있었단 말인가? 혹시 고아인가? 그렇다면 당장 고아원으로 들어가야지 왜 그런 고생을 할까?' 그도 그럴 것이 당시 내가 읽은 동화책에는 소녀가 성냥을 팔아야 하는 이유에 대해 아무런 언급이 없었기 때문이다. 그런데 요즘 아이에게 이 동화를 읽어주다가 비로소 알게 되었다. 바로 그 소녀의 아버지 때문이다! 지금이라면 당장 아동학대죄로 쇠고랑을 찰 '인간말종'인 아버지 때문에 힘없고 어린 소녀는 그런 고생을 했던 것이다.

좀 뜬금없지만 난 이육사의 시 〈절정〉을 읽을 때마다 이 동화가 떠오른다. 물론 시인과 성냥팔이 소녀는 언뜻 봐도 많이 다른 사람으로 보인다. 소녀는 그저 불쌍한 아이일 뿐이지만 시인은 말투나 사용하는 어휘로 볼 때 정신적으로 매우 강인한 남성으로 추측이 되니까. 그럼에도 불구하고 그들이 처한 상황과 그 상황을 견디는 방식에서 묘한 공통점이 느껴진다.
시인은 지금 '북방'과 '고원'도 모자라 '서릿발 칼날 진 그 위에 서' 있다. 가혹하고 절망적인 현실의 극한에 처해 있는 것이다. 이런 상황에서 그는 어떤 초월적인 존재에게 의지하고 그 존재의 힘을 간구하려 하나 그마저도 불가능하다. '무릎을 꿇'는 것은 고사하고 '한 발 재겨디딜 곳조차 없'으니. 그 어떤 것에도 기댈 수 없는 시인은 '이러매 눈 감아 생각해 볼밖에'라고 말한다. 절망의 극점에서 아무것도 할 수 없음을 깨닫고는 현실을 직시하는 대신 내면으로 눈을 돌리는 것이다. 바로 그때 그의 눈앞에 '겨울은 강철로 된 무지개'라는 다분히 환상적인 장면이 펼쳐진다.

〈성냥팔이 소녀〉로 돌아가서, 그 소녀는 왜 자신이 가진 모든 성냥을 태우면서까지 환상에 집착했을까? 자신이 처한 혹독한 현실에서 벗어날 수 없다는 걸 알았을 때, 소녀는 자신의 눈앞에 펼쳐진 아름다운 환상을 통해서 그 고통을 잊어버릴 수 있었다. 때때로 환상은 현실을 견디게 하는 힘이니까. 그리고 이는 폭력적인 아버지에게 학대받는 어린 소녀뿐 아니라 평생을 일본 제국주의와 싸운 독립 투사이자, 보통 사람은 감히 범접할 수 없는 초인적인 의지와 높은 정신을 지녔던 시인 이육사에게도 마찬가지가 아니었을까.

꿈, 견디기 힘든

황동규

그대 벽 저편에서 중얼댄 말
나는 알아들었다
발 사이로 보이는 눈발
새벽 무렵이지만
날은 채 밝지 않았다
시계는 조금씩 가고 있다
거울 앞에서
그대는 몇 마디 말을 발음해본다
나는 내가 아니다 발음해본다
꿈을 견딘다는 건 힘든 일이다
꿈, 신분증에 채 안 들어가는
삶의 전부, 쌓아도 무너지고
쌓아도 무너지는 모래 위의 아침처럼 거기 있는 꿈

신분증에 채 안 들어가는 삶의 전부

2008년 10월의 어느 날, 야간자율학습 지도를 마친 밤 10시 20분경. 0교시 수업을 위해 집에서 나온 시간이 새벽 6시 20분이니 16시간 만의 귀가였다. 학생들을 집으로 돌려보내고 교무실 문을 잠근 후 화장실에서 손을 씻는데 그때 거울에서 '발견'한 얼굴을 지금도 잊을 수 없다. 그 얼굴을 마주 보며 나도 모르게 중얼거렸던 "나는 내가 아니다"라는 말도.

"넌 꿈이 뭐니?" 흔히 어른들이 아이들에게 던지는 질문이다. 보통은 이런 상황에서 이 말은 '넌 커서 뭐가 되고 싶니?', 더 정확히 말해 '넌 나중에 무슨 직업으로 먹고살래?'의 의미를 지닌다. 하지만 어찌 '꿈'이라는 것이 '직업'과 동의어가 될 수 있겠는가. 꿈은 내가 닮고 싶은 인격일 수도, 내가 찾고 싶은 삶의 의미일 수도, 나아가 '신분증에 채 안 들어가는 / 삶의 전부'일 수도 있는 것을.

문제는 삶을 견디는 것도 힘든 판국에 이 꿈도 견뎌야 한다는 현실. '나는 내가 아니다 발음해'볼 때 밀려오는 자괴감은 그 망할 놈의 꿈,

'신분증에 채 안 들어가는 / 삶의 전부'를 원천으로 하는 것이다. 다 잊어버린 줄 알았는데, 어디 숨어 있다가 한 번씩 불쑥 고개를 들어 나를 흔들어버린다.

그런데 만약 처음부터 이 꿈이라는 것이 아예 없었다면, 혹은 예전엔 있었던 것 같은데 지금은 전혀 기억이 나지 않는다면 그 삶은 또 뭐란 말인가. 신분증이나 명함에 표기된 소속과 직위가 그냥 자기 자신인 줄 착각하면서 오직 그것들에서만 존재 근거를 찾는 삶, 먹고살기도 힘든 세상에 배부른 소리 하고 자빠졌다며 다른 이의 꿈까지 함부로 모욕하는 삶. 적어도 이런 삶보다는 꿈을 견디며 사는 삶이 낫지 않을까. 꿈을 견디는 순간만큼은 내가 오롯이 나일 수 있으므로.

'이렇게 살 수도 없고 이렇게 죽을 수도 없을 때 / 서른 살은 온다'(최승자, 〈삼십 세〉)고 했던가. 그 거울 속에는 16시간 동안 학생들이 개별적 '존재'가 아닌 관리해야 할 '대상'으로 보였던, 초심의 열정은 어느새 희미해지고 더 이상 학생들에게 뜨겁지도 차갑지도 않은 서른세 살 여교사의 얼굴이 있었다. 눈은 충혈되고 화장은 반쯤 지워진 채 멍한 표정을 짓고 있던 얼굴이. 어떤 식으로든 결단이 필요했다. 더 늦기 전에.

생의 감각

⌐ 김광섭 ⌐

여명의 종이 울린다.
새벽별이 반짝이고 사람들이 같이 산다.
닭이 운다. 개가 짖는다.
오는 사람이 있고 가는 사람이 있다.

오는 사람이 내게로 오고
가는 사람이 다 내게서 간다.

아픔에 하늘이 무너졌다.
깨진 하늘이 아물 때에도
가슴에 뼈가 서지 못해서
푸른 빛은 장마에
넘쳐 흐르는 흐린 강물 위에 떠서 황아에 갔다.

나는 무너지는 둑에 혼자 섰다.
기슭에는 채송화가 무더기로 피어서
생의 감각을 흔들어 주었다.

일상, 그 눈부신 기적

초등학교 4학년 때로 기억하는데 국어 시험에 이런 문제가 나왔다.

  용기의 반대말을 적으시오. (　　　)

저 괄호 안을 한참 동안 쳐다보며 고민했다. 고민 끝에 내가 적어 넣은 답은 '만용'이었다. 물론 틀렸다. 정답은 '비겁'이었으니까(문제를 틀렸을 뿐만 아니라 어떻게 이런 문제를 틀리냐며 선생님한테 혼나기까지 했다).

당시 초등학생이 어떤 이유로 '만용'을 정답으로 생각했는지는 잘 모르겠지만 성인이 된 지금, 나는 비겁과 만용 둘 다 용기의 반대말이 될 수 있는 이유를 말할 수 있다. 비겁은 용기가 '없는' 상태가 아니라 단지 용기가 '부족한' 상태가 아닐까. 부족한 것이 반대말이 될 수 있다면, 지나친 것도 반대말이 될 수 있지 않을까. 용기는 미덕이지만 만용은 악덕이 아닌가. 모든 건 어디까지나 상대적인 관점과 정도의 문제가 아닌가.

일상의 반대말을 적으시오. (   )

그렇다면 저 괄호 안엔 뭘 적어 넣어야 할까. 하루하루가 지루하고 비루한 일상의 반복이라고 느끼는 사람은 '행복'이라는 말을 적어 넣을지 모른다. '이토록 사는 게 재미없을 줄이야', '내가 원하던 삶은 이런 게 아니었어'를 중얼거리며 자신을 설레게 해줄 특별한 사람이나 사건을 기다리면서 말이다.

반면 예기치 못한 불행이 닥쳐와 눈앞이 캄캄한 사람이라면 '불행'을 적어 넣을 것이다. 행복이란 일상의 반대편에 있는 것이 아니라 바로 일상 속에 있다는 사실을 그제야 뼈저리게 체감하면서 말이다.

김광섭의 〈생의 감각〉은 시인이 고혈압으로 쓰러져 일주일 동안 의식을 잃은 상태로 사경을 헤매다가 기적적으로 깨어난 후 쓴 작품이라고 한다. 시인처럼 사경을 헤맨 특별한 경우가 아니더라도 살다 보면 삶과 죽음이, 행과 불행이 정말 종이 한 장 차이라는 걸 절감하게 될 때가 있다.

때때로 지루한 이 일상도 분명 살아 있음이 선사하는 눈부신 기적이 아니겠는가. 시인에게 '생의 감각'을 선물한 것은 어떤 특별한 사물이나 사건이 아니라 종이 울리고 별이 반짝이고 개가 짖고 꽃이 피어 있는 일상이다. 그 일상으로의 복귀가 시인에게 '오는 사람이 내게로 오고 / 가는 사람이 다 내게서 간다'는 새삼스러운 깨달음을 선물해주었다.

3
세상을 향한 목소리

지금 세상 어디선가 누군가 울고 있다
세상에서 이유 없이 울고 있는 사람은
나 때문에 울고 있다
…
지금 세상 어디선가 누군가 죽어가고 있다
세상에서 이유 없이 죽어가는 사람은
나를 쳐다보고 있다

———

릴케, 〈엄숙한 시간〉 중에서

슬픔을 위하여

￣정호승￢

슬픔을 위하여
슬픔을 이야기하지 말라
오히려 슬픔의 새벽에 관하여 말하라
첫아이를 사산한 그 여인에 대하여 기도하고
불빛 없는 창문을 두드리다 돌아간
그 청년의 애인을 위하여 기도하라
슬픔을 기다리며 사는 사람들의
새벽은 언제나 별들로 가득하다
나는 오늘 새벽, 슬픔으로 가는 길을 홀로 걸으며
평등과 화해에 대하여 기도하다가
슬픔이 눈물이 아니라 칼이라는 것을 알았다
이제 저 새벽별이 질 때까지
슬픔의 상처를 어루만지지 말라
우리가 슬픔을 사랑하기까지는
슬픔이 우리들을 완성하기까지는
슬픔으로 가는 새벽길을 걸으며 기도하라
슬픔의 어머니를 만나 기도하라

슬픔이 눈물이 아니라 칼인 이유

2004년 초가을, 이 시를 우연히 다시 읽었을 때 느꼈던 특별한 울림을 아직도 잊지 못한다. 그건 당시 나 자신이 바로 '첫아이를 사산한 그 여인'이었기 때문이다. 임신 기간 내내 산모와 태아 모두 건강했고 예정일을 얼마 앞둔 어느 날 진통이 와서 병원에 갔을 뿐이었다. 그런데 의사는 갑자기 '태아 돌연사'라고, 원인은 알 수 없다고 말했다. 아이를 낳을 때의 진통이 어떠한지는 겪어본 사람만이 알 수 있는 것이고, 이미 아기가 죽었다는 사실을 알면서 겪어야 하는 진통을 표현하는 것은 나의 언어 운용 능력을 벗어나는 일이다. 어찌 됐든 진통 끝에 아기는 이 세상에 나왔다. 딸이었고, 심장이 뛰지 않는 것만 빼면 여느 신생아의 모습과 다를 바 없었다.

이 사건이 준 참담한 절망 속에서 허우적거리고 있을 때 이 시를 읽었고, 어떤 희미한 목소리가 내 안에서 들리는 것 같은 느낌을 받았다. 난 그때까지 별다른 어려움 없이 살아온 것에 감사함을 느끼지 않았다. 아니, 더 솔직히 말해 그저 감사하지 않은 정도가 아니라 내가 가진 능력에 비해 욕심을 부리지 않았기에 지금 누리고 있는 삶이 당연하다는 확신에 사로잡혀 있었다.

가톨릭 영세식엔 "죄의 근원이요 지배자인 마귀를 끊어버립니까?"라는 질문에 대답하는 절차가 있다. 세례를 받으며 난 당연히 "끊어 버립니다"라고 대답했다. 하지만 어찌 마귀가 어떤 실체일 수 있겠는가. 나의 이 당치도 않은 확신에 깔린 교만과 아집이 바로 마귀인 것을. 난 사실 그것을 끊어내지 못했던(혹은 끊어내려고 하지 않았던) 것이다. 이 시는 나의 이러한 교만과 아집을 뚝 끊어내는 칼과 같았다. 진정 슬픔은 '눈물이 아니라 칼'이었고, 이 칼은 누군가를 해하는 도구가 아니라 바로 내 안에 있는 이기적이고 오만한 욕망을 잘라내는 생명의 계시였다.

출산 휴가가 끝나고 다시 교단에 서게 되었을 때, 나는 내 앞의 학생들이 다르게 보이기 시작했다. 그전까지 나는 학생들 사이에서 보이는 '차이'에 더 눈이 갔었다. 공부를 열심히 하는 아이와 공부엔 도통 관심이 없는 아이, 성실한 아이와 뺀질거리는 아이, 뭐 이런 식으로. 그런데 그때부터 신기하게도 차이보다는 공통점이 더욱 크게 다가오기 시작했다. 내 앞에서 나를 쳐다보고 있는 아이들은 모두 '무사히 이 세상에 태어났다'는 어마어마한 공통점을 지닌 장하고 특별한 존재들이었다.

그리고 내 아이. 이 아이는 무사히 태어나준 것만으로도 나에게 큰 은혜를 베푼 것이다. 때때로 자신의 기분 하나 어쩌지 못해 빌빌거리는 이 허접스런 인격을 그래도 엄마라고 믿고 세상에 나와준 것이다. 이 새삼스러운 사실을 알게 함으로써 나를 조금이나마 완성시킨 것은 분명 슬픔이었다.

거미

⌐ 이면우 ⌐

오솔길 가운데 낯선 거미줄
아침이슬 반짝하니 거기 있음을 알겠다
허리 굽혀 갔다, 되짚어오다 고추잠자리
망에 걸려 파닥이는 걸 보았다
작은 삶 하나, 거미줄로 숲 전체를 흔들고 있다
함께 흔들리며 거미는 자신의 때를 엿보고 있다
순간 땀 식은 등 아프도록 시리다.

그래, 내가 열아홉이라면 저 투명한 날개를
망에서 떼어내 바람 속으로 되돌릴 수 있겠지
적어도 스물아홉, 서른아홉이라면 짐짓
몸 전체로 망을 밀고 가도 좋을 게다
그러나 나는 지금 마흔아홉
홀로 망을 짜던 거미의 마음을 엿볼 나이
지금 흔들리는 건 가을 거미의 외로움임을 안다
캄캄한 뱃속, 들끓는 열망을 바로 지금, 부신 햇살 속에
저토록 살아 꿈틀대는 걸로 바꿔놓고자
밤을 지새운 거미, 필사의 그물짜기를 나는 안다
이제 곧 겨울이 잇대 올 것이다.

이윽고 파닥거림 뜸해지고
그쯤에서 거미는 궁리를 마쳤던가
슬슬 잠자리 가까이 다가가기 시작했다
나는 허리 굽혀, 거미줄 아래 오솔길 따라
채 해결 안 된 사람의 일 속으로 걸어 들어갔다.

먹고산다는 것의 엄숙함

언젠가 채널을 돌리다가 동물 다큐멘터리에서 표범 비슷하게 생긴 육식동물이 어떤 초식동물을 쫓는 장면을 우연히 보게 되었다. 엄청나게 빠른 육식동물과 그에 못지않은 스피드로 사력을 다해 도망치는 초식동물을 보며 나는 본능적으로 그 초식동물이 제발 잡아먹히지 않길 기도했다.

그런데 시간이 갈수록 나도 모르게 마음이 바뀌는 것을 느꼈다. 그 육식동물은 자신의 먹잇감을 얻기 위해 마지막 있는 힘을 다해 무려 아홉 시간을 달렸으나 실패했다. 다음 날 그 육식동물이 결국 굶어 죽었다는 해설자의 말을 들으며 조금 울었던 기억이 난다. 육식동물이 달려야 했던 이유는 초식동물과 똑같다. 심심해서도 아니고, 이미 배부른데 더 먹고 싶어서도 아니고, 식량을 '저축'하려는 것도 아니다. 그 동물을 달리게 한 이유는 탐욕이 아닌 오로지 생존, 그 이상도 그 이하도 아니었다.

이 시를 쓴 이면우 시인은 당시 연봉 1,380만 원을 받는 1년 계약직 보일러공이었다고 하는데, 이 시가 실린 시집이 알려진 배경이 참으로 드라마틱하다.

지방 도시의 어느 공장에서 홀로 시 쓰기를 즐기는 보일러공이 있었다. 그에게는 소박한 꿈이 있었다. 늦게 둔 어린 아들에게 '시인'이라는 아버지를 선물하고 싶었다. 그를 눈여겨본 사장은 시를 쓰라고 그에게 휴가를 선물한다. 휴가 동안 그는 한 권 분량의 시를 쓴다. 사장이 사비 들여 오탈자 많은 붉은 시집을 묶어 준다. 이런 시집의 운명이 어떻겠는가? 창고의 비료포대 자루로 들어간 폐품이 가까스로 눈 밝은 이의 눈에 띄고 알음알음 입소문을 타서 종내에는 문단에 알려진다. 이면우 시인과 그의 시집은 이렇게 태어났다. 말 그대로 '발굴'이었다.

— 〈한겨레〉(2009년 3월 7일자)

어찌 시인만이겠는가. 처자식의 생계라는 엄중한 책무를 온몸으로 감당해야 하는(했던) 이 땅의 수많은 가장들의 마음이야말로 '홀로 망을 짜던 거미의 마음'에 다름 아닌 것을. 생존한다는 것, 먹고산다는 것은 눈물 나도록 엄숙한 일. 그러기에 거미는 '밤을 지새우'고, '필사의 그물짜기'를 할 수밖에 없다.

나의 아버지 또한 수십 년 동안 '낯선 거미줄' 같은 세상에서, '해결 안 된 사람의 일 속'에서 어쩔 수 없이 거미로 살아야 했을 것이다. 그때마다 '땀 식은 등 아프도록 시리'었을 것이다. 때때로 많이 외로웠을 것이다. 몸도 마음도 고단했을 것이다. 언젠가 아버지의 뒷모습을 보는데 오랜 시간 시렸을, 외로웠을, 고단했을 어깨가 눈에 들어왔다. 가만히 안아보고 싶었지만 행동에 옮기지는 못했다. 너무 쑥스러웠기에. 열아홉 살과 마흔아홉 살의 중간 즈음에 있는 나. 아직 좀 더 자라야 하나 보다.

곡비(哭婢)

문정희

1960 · 학림

사시사철 엉겅퀴처럼 푸르죽죽하던 옥례 엄마는
곡(哭)을 팔고 다니던 곡비(哭婢)였다

이 세상 가장 슬픈 사람들의 울음
천지가 진동하게 대신 울어주고
그네 울음에 꺼져 버린 땅 밑으로
떨어지는 무수한 별똥 주워 먹고살았다
그네의 허기 위로 쏟아지는 별똥 주워 먹으며
까무러칠 듯 울어대는 곡(哭)소리에
이승에는 눈 못 감고 떠도는 죽음 하나도 없었다.
저승으로 갈 사람 편히 떠나고
남은 이들만 잠시 서성일 뿐이었다

가장 아프고 가장 요염하게 울음 우는
옥례 엄마 머리 위에
하늘은 구멍마다 별똥 매달아 놓았다

그네의 울음은 언제 그칠 것인가
엉겅퀴 같은 옥례야, 우리 시인의 딸아
너도 어서 전문적으로 우는 법 깨쳐야 하리

이 세상 사람들의 울음
까무러치게 대신 우는 법
알아야 하리

타인을 위해 울 수 있는 능력

눈물을 두 종류로 나눈다면 그 기준은 무엇이 될 수 있을까. 흔한 분류는 그 눈물의 원인을 기준으로 기쁨의 눈물과 슬픔의 눈물로 나누는 것이다. 하지만 더 중요한 기준은 그 눈물이 향하고 있는 대상이 되어야 하지 않을까. 한마디로 자신을 위한 눈물이냐, 다른 사람을 위한 눈물이냐.

자기 연민에 취해서, 엄살을 좀 부리고 싶어서, 아니면 너무 속상한 일이 있어서 흘리는 눈물들은 모두 자신을 향한 눈물이다. 잘 우는 편은 아니지만 나 역시 살아오면서 이런 눈물에서 자유로울 수는 없었다.

그렇다면 다른 사람을 향한 눈물은? 내가 다른 사람을 위해 눈물 흘린 적이 마지막으로 언제였던가. 가끔 TV나 인터넷을 통해 정말이지 '눈물 없이는 볼 수 없는' 기막힌 사연을 목격하곤 한다. 그리고 그 사연의 당사자가 너무 불쌍하게 느껴진 나머지 ARS 전화를 누르거나 후원계좌를 메모해 약간의 돈을 보내기도 한다.

내가 그럴 때 흘리는 눈물은 순도 100퍼센트 그 사람을 향한 눈물인

가. 감히 그렇게 말하지는 못하겠다. 사실 그것은 '알량한' 눈물이므로. 그 순간에 잠깐 동정을 느끼고 눈물이 났을 뿐, 난 그들의 삶이 내 삶에 너무 깊게 들어오는 것을 원하지 않는다. 깊게 들어오면 올수록 내 삶이 힘들어질 것 같으므로. 그저 약간의 돈으로 얼른 죄책감 비스름한 감정에서 빠져나와 내 눈물은 진정되고 내 삶은 별다른 변화 없이 흘러가야 하므로.

'곡비'는 옛날 양반 집안에 상이 났을 때 대신 애절하게 울어주던 노비라고 한다. 시인은 다름 아닌 현대판 곡비. 다른 사람을 대신하여 '전문적으로 우는 법'을 깨쳐야 하는 사람이고, 그 울음을 통해 다른 이의 아픔을 치유하는 사람이다. 시인은 다른 이의 눈물에서 재빠르게 못 빠져나오는, 혹은 빠져나오려고 하지 않는 사람이다. 아무리 애써도 내가 시를 쓰지 못하는 이유를 알겠다.

물먹는 소 목덜미에
할머니 손이 얹혀졌다.
이 하루도 함께 지났다고,
서로 발잔등이 부었다고,
서로 적막하다고,

어찌할 수 없는 적막함

중학교 때 미술 시간. 선생님은 한국화에 '여백의 미'가 있다고 강조하셨으나 안타깝게도 당시 나는 이 말을 이해하지 못했다. 정확히 말해 한국화에 여백이 있다는 건 알겠는데, 그것이 왜 '미'로 연결되는지를 몰랐다. 그러다 보니 이 '여백의 미'는 학창 시절 이해는 못 한 채 외워댔던 여러 개념들 중 하나로 남았다.
그러다 어느 순간 나는 이 '여백의 미'가 무엇인지를 머리가 아닌 가슴으로 느끼게 되었다. 그림이 아닌 시를 통해서.

먹으로 그린 그림, '(수)묵화'라는 제목을 달고 있는 이 작품은 세밀한 그림이 아니다. 장시간의 노동 후에 목마름을 축이는 소와 그 곁에서 소의 잔등을 말없이 쓰다듬는 할머니의 실루엣만 있을 뿐, 많은 것을 표현하려는 욕심이 보이지 않는다. '발잔등'이 부을 정도의 고된 노동은 전면에 드러나지 않고 배경으로 깔린다. 대신 이 시를 가득 채우고 있는 것은 '적막'이다.

몇 년 전 개봉되어 화제를 불러일으킨 독립 영화 〈워낭소리〉에는 성치 않은 다리를 이끌고 논밭을 매는 늙은 할아버지와 숨쉬기도 힘들어 보이는 마흔 살 먹은 소가 등장한다. 하루 종일 둘은 함께 고된 농사일을 한다. 그런데 이 영화를 가득 채우고 있는 것은 고됨이라기보다 적막이다. 우리가 이미 떠나온 어느 곳, 다시는 돌아갈 수 없는 어떤 시간을 떠올릴 때 느껴지는 쓸쓸하고 아득한 적막함.

이 적막함은 어찌할 수 없다. 어쩌겠는가. 시간은 앞으로만 흐르고 살아 있는 모든 존재는 소멸을 향해 갈 수밖에 없는 것을. 다만 말없이 전해지는 동지애와 신뢰와 연민의 힘으로 살아 있는 존재들은 이 적막을 견딜 수 있다.

우리는 이 수묵화의 세계에서 얼마나 멀어져 있는 걸까. 지금 이 땅에서 볼 수 있는 풍경은 더 이상 '여백의 미'가 느껴지는 적막한 수묵화가 아니다. 우리가 사는 세상은 구제역으로 의심되는 수많은 소와 돼지를 살처분하는 총천연색 공포 영화에 가깝다.

겨울 강가에서

안도현

어린 눈발들이, 다른 데도 아니고
강물 속으로 뛰어내리는 것이
그리하여 형체도 없이 녹아 사라지는 것이
강은,
안타까웠던 것이다
그래서 눈발이 물 위에 닿기 전에
몸을 바꿔 흐르려고
이리저리 자꾸 뒤척였는데
그때마다 세찬 강물 소리가 났던 것이다
그런 줄도 모르고
계속 철없이 철없이 눈은 내려,
강은,
어젯밤부터
눈을 제 몸으로 받으려고
강의 가장자리부터 살얼음을 깔기 시작한 것이었다

이어짐의 신비여!

아이가 20개월 무렵 갑자기 이상한 버릇이 하나 생겼다. 무언가를 마실 때마다 이 가는 소리를 내는데 그 소리가 흉내를 내기도 어려울 만큼 크고 독특했다. 사실 크고 독특하기 이전에 일단 매우 듣기 싫은 소리였으므로, 게다가 생긴 지도 얼마 안 되는 여린 치아를 상하게 할 수도 있다는 판단이 들었으므로 그 소리를 못 내게 했다. 하지만 아이는 막무가내. 줄기차게 그 해괴한 소리를 내며 물을 마시고 우유를 마셔댔다.

그러던 어느 날, 단골 음식점으로 저녁을 먹으러 갔는데 거기서 서빙을 하시는 좀 나이 드신 아주머니 한 분이 아이가 그런 소리를 내며 물을 마시는 것을 보시곤 흥미로운 이야기를 해주셨다. 그분이 어릴 적 살던 마을에선 아기가 이 가는 소리를 내면 부모가 집에서 가장 가까운 산에 가서 혹시 가지와 가지 사이가 너무 가까이 붙은 나무는 없는지 찾아본다는 것이다. 혹시 있으면 납작한 돌 같은 걸로 그 사이를 떨어뜨리는데, 이유인즉슨 바람이 불면 가까이 붙어 있는 나뭇가지들이 맞부딪치며 내는 소리가 아이 이 가는 소리와 매우 비슷하기 때문이란다. 그렇게만 해놓으면 신기하게 아이도 더 이상 그런

소리를 내지 않는다며 우리 부부에게도 한번 해보라고 제안하시는 것이 아닌가.

물론 이 이야기에 어떤 과학적 근거가 있다고 보기는 어렵다. 게다가 아파트 단지에 다닥다닥 붙어서 살고 있는 사람들에겐 도대체가 그림이 그려지지 않는 황당한 내용일 수도 있다. 그럼에도 난 이 이야기에 특별한 감동을 받았다. 이 이야기엔, 그리고 이 이야기가 반영하는 사람들의 생활엔 한 편의 아름다운 서정시가 들어 있었기 때문이다. 내 자식과 뒷산의 나무를 별개의 존재로 보지 않는 마음. 어찌 내 자식과 뒷산의 나무뿐이랴. 이 세상 만물은 모두 특별한 끈으로 이어져 있다. 소외된 인간과 훼손된 자연이 아닌 인간과 자연의 완벽한 합일이 이야기 속에 녹아 있었다. 실컷 망쳐놓고 뒤늦게 떠드는 생태주의가 아닌 그저 순하고 착한 마음이 만들어낸 이야기. 결국 서정시란 이런 것이 아니겠는가.

어린 눈발이 물속에서 녹아 없어짐을 애달파 하는 강, 그 어린 눈발을 향한 애달픈 사랑이 만들어내는 가장자리의 살얼음, 그리고 이 마법의 순간을 눈치챌 수 있는 시인. 이 모든 이어짐이 만들어내는 신비한 장면. 적어도 이 장면을 함께하는 순간만큼은 나 또한 순하고 착한 사람이 되는 것 같다.

두 번째 목소리.

세상을
건강하게
만드는
불온함

"하지만 저는 불편한 것을 좋아합니다."
"우리는 그렇지 않아." 총통이 말했다.
"우리는 여건을 안락하게 만들기를 좋아하네."
"하지만 저는 안락을 원치 않습니다. 저는 신을 원합니다. 시와 진정한 위험과 자유와 선을 원합니다. 저는 죄를 원합니다."
"그러니까 자네는 불행해질 권리를 요구하고 있군그래."
"그렇게 말씀하셔도 좋습니다." 야만인은 반항적으로 말했다.
"불행해질 권리를 요구합니다."

―――――

헉슬리, 《멋진 신세계》 중에서

세상에서 가장 무거운 싸움 2

⌐ 김승희 ⌐

아침에 눈뜨면 세계가 있다,
아침에 눈뜨면 당연의 세계가 있다,
당연의 세계는 당연히 있다,
당연의 세계는 당연히 거기에 있다,

당연의 세계는 왜, 거기에,
당연히 있어야 할 곳에 있는 것처럼,
왜, 맨날, 당연히, 거기에 있는 것일까,
당연의 세계는 거기에 너무도 당연히 있어서
그 두꺼운 껍질을 벗겨보지도 못하고
당연히 거기에 존재하고 있다

당연의 세계는 누가 만들었을까,
당연의 세계는 당연히 당연한 사람이 만들었겠지,
당연히 그것을 만들 만한 사람,
그것을 만들어도 당연한 사람,

그러므로, 당연의 세계는 물론 옳다,
당연은 언제나 물론 옳기 때문에
당연의 세계의 껍질을 벗기려다가는

물론의 손에 맞고 쫓겨난다,
당연한 손은 보이지 않는 손이면서
왜 그렇게 당연한 물론의 손일까.

당연한 세계에서 나만 당연하지 못하여
당연의 세계가 항상 낯선 나는
물론의 세계의 말을 또한 믿을 수가 없다,
물론의 세계 또한
정녕 나를 좋아하진 않겠지

당연의 세계는 물론의 세계를 길들이고
물론의 세계는 우리의 세계를 길들이고 있다,
당연의 세계에 소송을 걸어라
물론의 세계에 소송을 걸어라
나날이 다가오는 모래의 점령군,
하루종일 발이 푹푹 빠지는 당연의 세계를
생사불명, 힘들여 걸어오면서, 세상에서 가장 무거운 싸움은

그와의 싸움임을 알았다,
물론의 모래가 콘크리트로 굳기 전에
당연의 감옥이 온 세상 끝까지 먹어치우기 전에
당연과 물론을 양손에 들고
아삭아삭 내가 먼저 뜯어먹었으면.

이제 아무도 원숭이 말을 듣지 않아요

어느 동물 나라 숲 속에 원숭이 왕이 있었다. 그 원숭이 왕은 네 발 달린 동물들한테도, 새들한테도 자신처럼 두 발로 걸을 것을 강요했다. 동물들은 모두 두 발로 걷느라 몹시 힘들었지만 어쩔 수 없다고 생각하고 그 고생을 했다. 그러던 어느 날, 어린 새 한 마리가 "나는 날아다닐 거야"라고 말하며 하늘로 날아올랐다. 그리고 아기 사슴 한 마리가 "나는 뛰어다닐 거야"라고 말하며 네 발로 뛰어 달아났다. 원숭이는 이들을 잡으려고 했지만 소용이 없었다.

아이에게 책을 읽어주다가 나도 덩달아 읽게 된 〈원숭이 왕〉이라는 동화의 줄거리다. 이 동화를 읽어줄 때마다 아이가 매번 까르르 웃음을 터뜨리는 대목이 있는데, 바로 어린 새와 어린 사슴이 원숭이에게 반항(?)하는 장면이다. 그리고 마지막 문장에서도 아이는 반드시 웃는다. 그 마지막 문장이 뭐냐고?

"이제 아무도 원숭이 말을 듣지 않아요."

아이를 키우면서 새삼 느낀다. 이 세상엔 '당연하다고 여겨지는 것들'이 너무나 많다는 걸. 아이는 끊임없이 묻는다. "이건 왜 그래?" 적당한 이유를 말해주면 바로 "근데 그건 왜 그래?" 이 끝없는 연쇄 질문에 대답해주다 보면 결국 내 입에서 나오는 말이란 "그건 원래 그래!", "그냥 당연한 거야!" 뭐 이따위 것들이다.

아마도 시와 혁명의 가장 큰 공통점은 '당연하다고 여겨지는 것들을 당연하게 보지 않는 것'이 아닐까. 그런 면에서 보면 아이들은 모두 시인이고 혁명가. 흔히 '사회화'라고 불리는 과정을 거치며 이 잠재성 풍부한 시인이자 혁명가들은 '생활인'이 되는 거겠지.

고대 그리스 철학자 플라톤은 《국가》라는 저서에서 자신이 이상적으로 생각하는 국가에 대해 말한다. 흥미로운 건 그의 이상 국가에서 반드시 추방해야 하는 존재가 있으니, 바로 시인. 그가 건설하고자 하는 이상 국가는 통치자 계급, 군인 계급, 생산자 계급이 철저하게 분화되어 각자의 직분을 다하는 계급사회였는데, 그는 시인들을 이 엄격한 신분 질서를 위협하는 위험하고 불온한 존재로 보았다.

지배 권력은 사회가 현 상태에서 가급적 변하지 않고 닫혀 있기를 바란다. 반면 시인은 열린 공동체를 꿈꾸며 당연하다고 여겨지는 것들에 대해 의심을 품는 존재. 그러니 굳이 플라톤까지 끌어오지 않더라도 지배 권력의 입장에서 보면 시인은 위험하고 불온한 존재일 수밖에. 시인은 소망한다. '당연과 물론을 양손에 들고 / 아삭아삭 내가 먼저 뜯어먹었으면.'

그나저나 '당연의 세계의 껍질을 벗기려'는 시도를 할 때, 왜 당연이 아닌 '물론의 손에 맞고 쫓겨'날까? '당연'이 거대한 권력이라면 '물론'은 그 권력을 옹호하거나 그 권력에 동조하고 침묵하는 다수라고 할 수 있다. 거대 권력은 이 권력을 의심하고 비판하는 사람을 굳이 직접 손봐주지 않는다. 어떤 것이 너무 작아도 보이지 않듯이 너무 커도 보이지 않는 법. 시에서도 '당연한 손은 보이지 않는 손'이라고 하지 않았는가. 그 '보이지 않는' 적과의 싸움이니 '세상에서 가장 무거운 싸움'일 수밖에.

원숭이가 잠시나마 왕이 될 수 있었던 이유는 뛰어난 능력을 지녀서가 아니었다. 그건 모든 네발짐승들과 새들이 두 발로 걸었기 때문이다.

독수리 오형제

⌐ 권혁웅 ⌐

0. 기지(基地)
정복이네는 우리 집보다 해발 30미터가 더 높은 곳에 살았다 조그만 둥지에서 4남 1녀가 엄마와 눈 없는 곰들과 살았다 곰들에게 눈알을 붙여 주면서 바글바글 살았다 가끔 수금하러 아버지가 다녀갔다

1. 독수리
큰형이 눈뜬 곰들을 다 잡아먹었다 혼자 대학을 나온 형은 졸업하자마자 둥지를 떠나 고시원에 들어갔다 형은 작은 집을 나와서 더 작은 집에 들어갔다 그렇게 십 년을 보냈다 새끼 곰들이 다 클 만한 세월이었다

2. 콘돌
둘째 형은 이름난 싸움꾼이었다 십 대 일로 싸워 이겼다는 무용담이 어깨 위에서 별처럼 반짝이곤 했다 형은 곰들이 눈을 뜨건 말건 상관하지 않았다 둘째 형이 큰집에 살러 가느라 집을 비우면 작은집에서 살던 아버지가 찾아왔다

3. 백조
누나는 자주 엄마에게 대들었다 엄마는 왜 그렇게 곰같이 살아! 나는 그렇게 안 살아! 눈알을 박아 넣는 엄마 손이 가늘게 떨렸다 누

나 손은 미싱을 돌리기에는 너무 우아했다 누나는 술잔을 집었다

4. 제비

정복이는 꼬마 웨이터였다 누나와 이름 모르는 아저씨들 사이를 부지런히 오가며 소식을 주워 날랐다 봄날은 오지 않고 박꽃도 피지 않았으며 곰들도 겨울잠에서 깨어날 줄 몰랐다 그냥, 정복이만 바빴다

5. 올빼미

하루는 아버지가 작은집에서 뚱뚱한 아이를 데려왔다 인사해라, 네 셋째 형이다 새로 생긴 형은 말도 하지 않았고 학교에 가지도 않았다 그저 밤중에 앉아서 눈뜬 곰들과 노는 게 전부였다 연탄가스를 마셨다고 했다

6. 불새

우리는 정복이네보다 해발 30미터가 낮은 곳에 살았다 길이 점점 좁아졌으므로 그 집에 불이 났을 때 소방차는 우리 집 앞에서 멈추었다 그들은 불타는 곰 발바닥을 버려두고, 그렇게, 하늘로 날아올랐다

※ 사실 독수리 오형제는 독수리들도 아니고, 오형제도 아니다. 다섯 조류가 모인 의남매다. 다섯이 모이면 불새로 변해서 싸운다.

그들은 왜 불새가 되었나

1980년대에 유년기, 청소년기를 보낸 사람이라면 〈독수리 오형제〉라는 만화영화를 기억할 것이다. 이 만화엔 하얀 날개의 지적인 리더 1호(독수리), 검은 옷을 입은 타고난 싸움꾼 2호(콘돌), 핑크색 옷을 입은 홍일점 3호(백조), 언뜻 봐도 똑똑해 보이는 4호(제비), 나가서 싸우지는 않고 이동기지를 지키는 뚱뚱한 5호(올빼미), 이렇게 다섯 주인공이 등장한다(그러니 시인의 말마따나 이들은 '다섯 조류가 모인 의남매'다. 독수리 오형제는 부정확할 뿐 아니라 지나치게 장남 중심적(?)인 작명이라고 할 수 있다).
이 만화의 하이라이트는 뭐니 뭐니 해도 이 '조류 오남매'가 '합체'하여 불새가 되는 순간이다. 이 불새는 지구를 위협하는 '나쁜 놈'들을 쓰러뜨리고 지구를 구한다.

시인은 이 이야기를 어느 달동네 도시 빈민 가족의 삶에 포갠다. 가난한 집안의 유일한 희망인 큰형은 고시 공부를 하며 그러지 않아도 가난한 살림을 거덜 낸다. 이러한 장남 때문에 가장 피해를 봤다고 생각하는 둘째 형은 방황과 반항에서 존재근거를 찾으며 큰집(교도

소)을 들락날락한다. 누나는 고생하는 어머니의 삶을 강하게 거부하지만 돈도 배움도 없기에 결국 술집으로 흘러 들어간다. 나름 똘똘한 막내 정복이는 너무 어리기에 할 수 있는 것이 별로 없다. 여기에 아버지의 '두 집 살림'의 결과물로서 연탄가스 중독으로 정상적인 생활이 불가능한 셋째 형, 처자식에 대한 책임감이라곤 눈곱만치도 없으면서 설상가상으로 폭력적이며 바람까지 피우는 아버지, 곰 인형에 눈알 붙이는 일로 가족의 생계를 책임지며 인고와 희생의 삶을 살아가는 어머니까지 해서 등장인물은 총 일곱 명이다. 제3자가 봐도 정말 답답하고 화가 나면서 슬픈 가족 이야기다.

이 이야기 또한 '불새' 장면으로 끝난다. 단, 시의 장면은 만화와는 정반대로 매우 비극적이다. 그들의 '기지(집)'는 불에 타서 없어진다. 소방차가 갈 수 없는 산꼭대기('해발 30미터가 더 높은 곳') 달동네에 있기 때문에.

얼마 전 안데르센의 동화 〈인어 공주〉의 결말을 인어 공주가 왕자와 결혼하는 것으로 알고 있는 중학생을 만난 적이 있다. 알고 보니 디즈니 만화 때문이었다(디즈니 사는 이 비극적 동화를 해피엔딩으로 바꿔 애니메이션을 만들었다).
현실이 만화처럼 항상 정의가 승리하고 착한 공주는 멋진 왕자와 결혼하는 것이라면 얼마나 좋겠는가. 그러면 이런 시도 나오지 않았을 텐데. 밤마다 곰 인형을 안고 꿈나라로 가는 아이들도 있지만 쉴 새 없이 곰 인형의 눈알을 붙여야 살 수 있는 사람들도 있다. 만화 속의 독수리 오형제는 지구를 지키기 위해 불새가 되지만 현실 속의 독수리 오형제는 소방차가 접근할 수 없는 달동네에 살았기에 불새가 되었다.

그나저나 '불새' 장면만큼이나 '정복'이라는 이름도 정말 슬프다. 정복이는 과연 무얼 정복할 수 있었을까. 무얼 정복하고 싶었던 걸까.

새들도 세상을 뜨는구나

| 황지우 |

영화가 시작되기 전에 우리는
일제히 일어나 애국가를 경청한다.
삼천리 화려 강산의
을숙도에서 일정한 군(群)을 이루며
갈대 숲을 이룩하는 흰 새떼들이
자기들끼리 끼룩거리면서
자기들끼리 낄낄대면서
일렬 이열 삼렬 횡대로 자기들의 세상을
이 세상에서 떼어 메고
이 세상 밖 어디론가 날아간다.
우리도 우리들끼리
낄낄대면서
깔쭉대면서
우리의 대열을 이루며
한 세상 떼어 메고
이 세상 밖 어디론가 날아갔으면
하는데 대한 사람 대한으로
길이 보전하세로
각각 자기 자리에 앉는다.
주저앉는다.

새들만도 못했던 우리

본의 아니게 매일 애국가를 듣던 시절이 있었다. 지금이야 수많은 채널을 통해 하루 종일 TV를 볼 수 있지만 내가 어렸을 때만 해도 아침 방송이 끝나면 오후 5시 30분까지는 아무 프로그램도 나오지 않았다. 5시 20분 정도부터 '지금은 화면 조정 시간입니다'라는 자막을 보며 스탠바이 하다 보면 30분에 나오는 애국가 뮤직 비디오(?)를 볼 수 있었다. 그걸 보면서 초조하게 〈모여라 꿈동산〉을 기다리곤 했지만 장엄한 애국가가 나오는 화면도 그리 나쁘진 않았다. 특히 어느 갈대밭(나중에 그곳이 부산 을숙도였다는 걸 알았다)에서 철새가 단체로 날아오르는 장면은 어린 내가 봐도 꽤나 멋있었다.

시인도 그 장면을 보고 있다. 문제는 장소가 영화관이라는 사실. 1980년대 초반 우리나라 국민은 영화관에서 영화를 보기 전에 반드시 모두 자리에서 일어나 애국가를 듣고 정부 홍보물인 '대한늬우스'를 보아야 했다. 이 믿긴 힘든 현실을 나 역시 직접 경험한 세대는 아니지만, 뭐 그랬다고 한다.

영화 시작 전 시인을 포함해 영화를 보러 온 모두는 '일제히 일어나 애국가를 경청한다'. 시인은 그 철새 장면을 보며 상상한다. 도대체 저 새들은 누굴 향해 '낄낄대'는 것이며, 왜 '이 세상 밖'으로 날아가는 것일까. 참고로 이 시는 1980년 5·18 광주 민주화 운동 직후에 창작된 작품이다. 헌법을 유린하며 군사 쿠데타와 무고한 민간인 학살을 통해 권좌를 차지한 부도덕한 군사 정권이 국민들에겐 '애국'을 강요하는 상황. 그렇다면 그 새들은 이런 상황 앞에서 무력하게 시키는 대로 하고 있는 사람들을 낄낄대며 조롱하는 것이고, '이 세상 밖 어디론가 날아'가고 싶은 존재는 바로 시인 자신일 것이다. 그렇지만 시인을 포함한 '우리'는 그렇게 하지 못한다. 새들이 아니기 때문에, 혹은 새들만도 못하기 때문에 그냥 '자기 자리에' '주저앉는다'

이 시에 나타난 태도를 비판할 수도 있을 것이다. 좌절과 절망, 조롱과 냉소만으로는 세상을 바꿀 수 없으니까. 그럼에도 난 이 시가 좋은 작품이라고 생각한다. 적어도 문제를 문제로 만들었으니 말이다. 사실 이 시에서 드러난 상황에 대해 비판적 인식을 가졌던 사람이 당시에 얼마나 되었을까? 아마 대부분은 별생각이 없었고, 하라니까 해야 하는가 보다 하며 순응했을 것이다.
그 당시 정치권력이 보기에 이 시는 불온했다. 하지만 이 시의 불온함은 얼마나 건강한가. 부도덕한 지배 권력은 문제가 문제로 만들어지는 걸, 상처가 상처로 드러나는 걸, 아픔이 아픔으로 언급되는 걸 원하지 않는다. 그럼에도 세상의 상처가 치료되기 위해서는 일단 그것을 드러내고 상처의 근본적인 원인에 대해서 생각해보아야 한다. 이 과정이 당장은 눈에 거슬리고 불편하게 느껴질 수 있겠지만 이를 통해 세상은 아주 조금씩이나마 건강해질 수 있기에.

어쩌면 1980년대는 이성복 시인이 〈그날〉이라는 시에서 말한 것처럼 '모두 병들었는데 아무도 아프지 않았'던, 혹은 소수만 아파했던 시대였는지도 모른다. 당시 도처에 깔린 기만적 국가주의와 그것에 무기력했던 자신을 비판하고 냉소했던 것은 그 아픔을 표현하는 하나의 방식이었다. 병들었음을 자각하고 아파할 수 있는 지성과 감수성은 모든 시대의 절실한 가치이므로.

팔당대교 이야기

 ㄴ박찬일ㄱ

**승용차가 강물에 추락하면
상수원이 오염됩니다
그러니 서행하시기 바랍니다**

나는 차를 돌려 그 자리로 가
난간을 들이받고
강물에 추락하였습니다
기름을 흘리고
상수원을 만방 더럽혔습니다

밤이었습니다
하늘에 글자가 새겨졌습니다
별의 문자 말입니다
**승용차가 강물에 추락해서
상수원이 오염되었습니다
서행하시기 바랍니다**

내가 죽은 것은 사람들이 모릅니다
하느님도 모릅니다

웃기고 슬프고 무서운

초등학생 시절 3년 정도 피아노 학원을 다녔다. 방금 나는 피아노를 '배웠다'고 하지 않고 피아노 학원을 '다녔다'고 말했는데, 이렇게 말할 수밖에 없는 이유가 있다. 당시 나에겐 피아노를 '배우는' 것보다 그 학원을 '다니는' 것이 더 큰 일이었기 때문이다.
내가 태어나서 유년을 보낸 곳은 지방의 소도시, 그것도 시내에서 좀 떨어진 시골이었다. 그래서 버스는 20~30분 정도에 한 대씩 있었고, 시내에 있는 학원에 가기 위해선 그 버스를 한참 기다려서 타야 했다. 어릴 적엔 내가 지금보다 고지식하고 참을성이 많았던 것 같다. 그런 악조건 속에서도 비가 오나 눈이 오나, 엄청 춥거나 더울 때도 매일같이 버스를 기다려서 학원에 갔으니 말이다.
그런데 그 기다림보다 더 힘든 것이 있었으니, 바로 두려움이었다. 기껏 기다린 버스가 내 앞에 서지 않고 그냥 가버릴 때도 있었으니까. 내가 타는 정거장에서 내릴 사람이 있거나 아니면 나 말고도 버스를 탈 '어른'이 기다리고 있을 때는 안심이었지만, 정거장에 나 혼자 기다리고 있는데 내릴 사람도 없을 때면 버스는 서지 않고 붕 지나쳐버리는 경우가 종종 있었다. 운전사는 내가 내는 차비가 어른의 절반밖에 되지 않으니 어린아이 하나 태우느라 시간을 허비하지 않는 것이 '효율적'이라고 판단했던 것 같다. 한참을 기다린 버스가 허무하게 내 앞을 스쳐가버릴 때마다 나는 막막하고 서글픈 심정으로 버스의 뒤꽁무니를 바라보아야 했다.

아마 그때였던 것 같다. 이 사회에 대해 아주 초보적인 수준이지만 진지하게 생각해보기 시작했던 것이. 그때 난 막연하게나마 이 사회가 나를 대하는 방식이 내 부모가 나를 대하는 방식과 확연히 다르다는 걸 감지했다. 내 부모에게 나는 대체 불가능한 유일무이한 존재였다. 세상의 어떤 부모도(적어도 정상적인 부모라면) 자식을 '효율'을 따져 대하지는 않는다. 잘났건 못났건 부모에게 자식은 모두 고유한 가치를 지닌 개별적 존재. 하지만 사회는 한 개인이 이룩하고 보유한 외적 성취와 효용 가치에는 관심이 있을지 모르지만 이러한 것들을 제외한, 그 개인만이 갖고 있는 개별성에는 별 관심이 없는 듯 보인다.

사람이야 죽든 말든 오직 상수원 오염만 걱정하는 경고판, 그걸 읽곤 발끈한 나머지 유치하고 못된 상상을 해보는 시인, 그래봤자 결국 '투명 인간의 쇼'로 끝나는 결말을 읽고 있노라니 문득 어떤 소설가의 말이 떠오른다.

소설을 쓰는 중에 가끔 그 이야기를 떠올렸다. 한 때 나는 실컷 웃으면서 읽고, 다 읽은 뒤에는 어쩐지 슬퍼지며, 그 웃음과 슬픔이 만든 좁은 틈 속에 내던져진 채로 불현듯 무서움을 느끼는 그런 소설을 쓰려고 했다.

― 은희경, 《상속》(문학과지성사, 2002) 서문 중에서

꼭 소설뿐이겠는가. 어쩌면 지금 이 땅에서 사는 건 얼마간 웃기다가 곧바로 슬퍼지고, 그러면서 문득 무서워지는 일인지도 모른다. 팔당대교에 붙어 있는 경고판처럼, 어린 나를 무시하고 정거장을 지나치던 버스처럼.

이탈한 자가 문득

김중식

우리는 어디로 갔다가 어디서 돌아왔느냐 자기의 꼬리를 물고 뱅뱅 돌았을 뿐이다 대낮보다 찬란한 태양도 궤도를 이탈하지 못한다 태양보다 냉철한 뭇별들도 궤도를 이탈하지 못하므로 가는 곳만 가고 아는 것만 알 뿐이다 집도 절도 죽도 밥도 다 떨어져 빈 몸으로 돌아왔을 때 나는 보았다 단 한 번 궤도를 이탈함으로써 두 번 다시 궤도에 진입하지 못할지라도 캄캄한 하늘에 획을 긋는 별, 그 똥, 짧지만, 그래도 획을 그을 수 있는, 포기한 자 그래서 이탈한 자가 문득 자유롭다는 것을

스펙의 굴레에서 벗어나기

요 몇 년 사이에 '스펙'이라는 단어가 일상용어가 되어버린 느낌이다. 원래 이 스펙은 영어 'specification'에서 나온 것으로, 직장을 구하는 사람들 사이에서 출신 학교와 학점, 토익 점수와 자격증 소지 여부, 해외 연수나 인턴 경험 유무 등을 종합해 이르는 말이라고 한다. 그런데 요즘은 이 말을 꼭 취업 준비 용어로만 쓰는 것 같지는 않다. '대학에 수시 전형으로 입학하려면 스펙을 잘 쌓아야 해', '이번에 소개받은 남자 스펙이 어때?' 등에서 알 수 있듯이 스펙은 이제 한 사람의 외적 조건, 상품 가치를 의미하는 말이 되었다.

사정이 이렇다 보니 요즘 대학생들은 이 스펙을 보다 그럴듯하게 만드느라 아주 바쁘다. 가끔 대학생들과 이야기를 하다 보면 나나 내 선배들이 대학을 다녔을 때보다 열심히 산다는 느낌을 받는다. 학점 관리도 철저하게 하고, 새벽에 영어 학원도 다니면서 각종 자격증을 따느라 여념이 없다. 이렇게 죽을힘을 다해 스펙을 쌓는 대학생 열 명 중 일곱 명이 우울증과 스트레스로 고통 받고 있다는 통계를 본 적이 있다.

그런데 안타깝게도 화려한 스펙이 (통상적으로 대학생에게 기대하는)

'지성'을 보장하는 것 같지는 않다. 사실 뭐 대학생뿐이겠는가, (물론 나 자신을 포함해) 이 시대를 사는 대부분의 사람들도 마찬가지일 것이다. 대다수는 이 시의 표현을 빌리자면 기껏 '자기의 꼬리를 물고 뱅뱅 돌았을 뿐'인 삶을 살고 있는 것을. '찬란한 태양'과 '냉철한 뭇별'처럼 겉보기에는 그럴듯한 존재지만 절대 '궤도를 이탈하지 못'한다. 그러다 보니 '가는 곳만 가고 아는 것만 알 뿐'인, 협소한 경험과 인식의 틀에서 벗어나지 못한다. 아무리 화려한 스펙을 갖고 있는 사람이라고 하더라도 결국 이 사회가 정상이라고 정해놓은 질서 안에서 종종거리며 살고 있는 것이다.

시인은 '집도 절도 죽도 밥도 다 떨어져 빈 몸'이 된 상태에서 문득 보게 된다. '찬란한 태양'이나 '냉철한 뭇별'이 아닌 특별한 존재를. 그것은 바로 별똥별, '단 한 번 궤도를 이탈함으로써 두 번 다시 궤도에 진입하지 못할지라도 캄캄한 하늘에 획을 긋는 별'. 시인은 그것을 '포기한 자'라고 말한다. 물론 이 포기는 패배주의적인 체념이 아닌 견고한 사회구조에서 과감하게 벗어날 수 있는 '용기'의 다른 이름일 것이다. 정해진 궤도를 이탈하지 않는 것이 안주라면, 거기에서 이탈하는 것은 안주를 거부하고 기꺼이 자신만의 궤도를 찾아가는 용기가 필요한 일이기에. 그 용기가 문득 가슴 저리게 부럽고 눈부시게 다가온다.

세 번째 목소리.

슬픔과
분노,
사랑의
다른 이름

물론 나는 알고 있다. 오직 운이 좋았던 덕택에
나는 그 많은 친구들보다 오래 살아남았다.
그러나 지난 밤 꿈속에서 이 친구들이 나에 대하여
이야기하는 소리가 들려왔다.
"강한 자는 살아남는다."
그러자 나는 자신이 미워졌다.

───

브레히트, 《살아남은 자의 슬픔》 중에서

사랑

┘ 박노해 └

사랑은
슬픔, 가슴 미어지는 비애
사랑은 분노, 철저한 증오
사랑은 통곡, 피투성이의 몸부림
사랑은 갈라섬,
일치를 향한 확연한 갈라섬
사랑은 고통, 참혹한 고통
사랑은 실천, 구체적인 실천
사랑은 노동, 지루하고 괴로운 노동자의 길
사랑은 자기를 해체하는 것,
우리가 되어 역사 속에 녹아들어 소생하는 것
사랑은 잔인한 것, 냉혹한 결단
사랑은 투쟁, 무자비한 투쟁
사랑은 회오리,
온 바다와 산과 들과 하늘이 들고일어서
폭풍치고 번개치며 포효하여 피빛으로 새로이 나는 것
그리하여 마침내 사랑은
고요의 빛나는 바다
햇살 쏟아지는 파아란 하늘
이슬 머금은 푸른 대지 위에
생명 있는 모든 것들 하나이 되어
춤추며 노래하는 눈부신 새 날의
위대한 잉태

일치를 향한 확연한 갈라섬

흔히 맹목적으로 불타오르는 열정, 혹은 모든 것을 무조건 덮어주고 용서하는 것을 사랑이라고 생각한다. 그런데 과연 그럴까?

우리는 사랑을 대개 감정의 일로 간주한다. 그러나 그것만은 아니다. 설령 그렇다고 해도 감정만으로 이루어진 사랑이 믿을 만하고 오래갈 것인가? 그러기는 어렵다. 이것을 직시했을까? 〈고린도전서〉에는 이렇게 적혀 있다. "사랑은 한 사람의 잘못을 보고 기뻐하지 아니하고, 그 옳음을 보고 기뻐한다."(13:6) 모든 사랑이 사랑스러운 것은 아니다. 사랑은 그름이 아니라 옳음과 이어질 때 진실해진다. 옳음을 기뻐하는 것, 그것이 참된 사랑이다. 이때 사랑은 이성의 도움으로 변덕을 넘어 바르게 인식한다. 바르게 사고할 수 있을 때 사랑도 바르게 선다.

— 문광훈, 《교감》(생각의 나무, 2007) 중에서

사람이 세상을 사랑한다는 것은 어떤 의미일까? 한 사람과 한 사람이 만나 사랑하는 것과 그 본질 면에서 차이가 있지는 않을 것이다. 다만 세상을 향한 사랑에는 한 사람을 향한 사랑에 비해 슬픔과 분노, 증오와 안타까움의 감정 등이 더 녹아 있지 않을까. 세상엔 보는 것만으로도 가슴이 미어지는 슬픔과 치가 떨리는 분노, 도저히 용서하기 힘들 것 같은 증오와 정말 어찌할 수 없는 안타까움이 느껴지는 일들이 분명 존재하기에. 이 모든 것들을 외면한 채 '좋은 게 좋은 거지'라며 편안한 마음으로 살아가는 사람이 세상을 사랑하는 사람이라고 보기는 힘들지 않겠는가.

세상의 온갖 아픔에 대해 무감각한 사람이 굳이 시를 쓰지는 않을 것이다. 쓸 수도 없고 쓸 필요도 느끼지 않겠지. 시인은 이 아픔에 일반인들보다 민감한 사람들. 그러기에 시를 읽다 보면 우리가 미처 보지 못하고 느끼지 못한 세상의 상처와 통증을 경험하게 된다. 하지만 중요한 사실은 그 상처와 통증에서 나오는 슬픔과 분노가 결국엔 세상을 향한 뜨거운 사랑에 닿아 있다는 점이다.

처음 이 시를 읽었을 때 나를 가장 사로잡았던 구절은 '사랑은 갈라섬, / 일치를 향한 확연한 갈라섬'이었다. 사랑이란 안이하고 기만적인 화합과 단결이 아닌, '확연한 갈라섬'이 '일치를 향'해 가는 지난한 과정 자체인 것. 한마디로 '지루하고 괴로운 노동자의 길'이다. 절망을 극복한 희망만이 진짜 희망이듯 진정한 사랑은 증오와 분열을 이겨낸 후에야 비로소 도달할 수 있는 경지인 것. 그러니 어찌 사랑이 말랑말랑하고 달콤할 수만 있겠는가.

슬픔이 기쁨에게

정호승

나는 이제 너에게도 슬픔을 주겠다
사랑보다 소중한 슬픔을 주겠다
겨울밤 거리에서 귤 몇 개 놓고
살아온 추위와 떨고 있는 할머니에게
귤값을 깎으면서 기뻐하던 너를 위하여
나는 슬픔의 평등한 얼굴을 보여 주겠다
내가 어둠 속에서 너를 부를 때
단 한 번도 평등하게 웃어 주질 않은
가마니에 덮인 동사자가 다시 얼어 죽을 때
가마니 한 장조차 덮어주지 않은
무관심한 너의 사랑을 위해
흘릴 줄 모르는 너의 눈물을 위해
나는 이제 너에게도 기다림을 주겠다
이 세상에 내리던 함박눈을 멈추겠다
보리밭에 내리던 봄눈들을 데리고
추워 떠는 사람들의 슬픔에게 다녀와서
눈 그친 눈길을 너와 함께 걷겠다
슬픔의 힘에 대한 이야기를 하며
기다림의 슬픔까지 걸어가겠다

이제 너에게도 슬픔을 주겠다

대학에 다니기 위해 서울에 온 열아홉 살의 나에게 가장 충격적으로 다가왔던 광경은 바로 '구걸'이었다. 내가 그전까지 살았던 곳은 높고 화려한 빌딩도 없었지만 구걸하는 사람도 거의 없었다. 그런데 이 비대한 도시 서울은 구걸하는 사람도 너무나 많았다. 지금은 단속이 심해져 많이 줄었지만 내가 대학을 다니던 1990년대 중반만 하더라도 지하철을 타면 구걸하는 사람들이 끊임없이 눈앞을 스쳐갔는데, 나는 그들을 보는 것이 불편했다. 내가 '동전 넣기의 딜레마'로 이름 붙인 고민 때문에. 부모님이 보내주신 용돈으로 생활하는, 주머니가 빠듯한 학생의 처지에서 그들을 볼 때마다 도와줄 수도 없는 노릇이었으니까.
하지만 나는 이 광경에 빠른 속도로 익숙해졌다. 인간은 합리적인 동물이 아니라 끊임없이 자신을 합리화하는 동물이라고 했던가. 나 역시 합리화의 달인답게 마음이 불편하지 않을 수 있는 갖가지 이유를 찾아냈다. 이 세상에 거지 없는 도시는 없을 거라는 추측, 동남아나 인도 등에 비하면 그렇게 많지도 않다는 현실, 어쩌면 저 사람들은 구걸 자체를 편안하게 여기고 있을지 모른다는 예감 등이 합해져 나는 어느새 구걸 광경을 보아도 일상처럼 무덤덤하게 되었다.

이 시의 '기쁨'과 '슬픔'은 개인의 사사로운 감정이 아니다. 슬픔이 이 사회의 소외된 이웃을 향한 안타까움과 연민이라면, 기쁨은 이웃에게는 무관심한 채 오직 자신의 이익만을 추구하는 이기적인 삶의 태도라고 할 수 있다. 이 기쁨이라는 것은 오직 자신밖에 모르기에 겨울밤 거리에서 귤을 파는 할머니가 어떤 처지인지, 왜 사람이 길거리에서 얼어 죽었는지에 대해 도통 무관심하다. 그 무관심은 소외된 이웃을 향해 '단 한 번도 평등하게 웃어주질 않'으며, 눈물을 흘리지도 않는다.

이러한 기쁨에게 슬픔은 '사랑보다 소중한 슬픔'과 '기다림'을 주겠다고 말한다. 슬픔이 사랑보다 소중한 이유는 슬픔이 개인적인 사랑을 넘어선, 이 세상의 낮은 곳을 향한 보다 큰 사랑이기 때문이다. 그리고 이 큰 사랑에는 당연히 인내와 희생, 즉 '기다림'이 필요하다.

내가 열아홉 살 때 구걸 장면을 보며 처음 느꼈던 건 분명 슬픔이었다. 하지만 난 비겁하게도 그 슬픔을 유지하는 것이 버겁고 싫었다. 그래서 서둘러 기쁨으로 갈아탔던 것이다. '슬픔의 힘'을 제대로 느껴보기도 전에 말이다.

우리 동네 구자명 씨

⌐ 고정희 ⌐

맞벌이 부부 우리 동네 구자명 씨
일곱 달 된 아기 엄마 구자명 씨는
출근 버스에 오르기가 무섭게
아침 햇살 속에서 졸기 시작한다.
경기도 안산에서 서울 여의도까지
경적 소리에도 아랑곳없이
옆으로 앞으로 꾸벅꾸벅 존다.

차창 밖으론 사계절이 흐르고
진달래 피고 밤꽃 흐드러져도 꼭
부처님처럼 졸고 있는 구자명 씨
그래 저 십 분은
간밤 아기에게 젖 물린 시간이고
또 저 십 분은
간밤 시어머니 약시중 든 시간이고
그래그래 저 십 분은
새벽녘 만취해서 돌아온 남편을 위하여 버린 시간일 거야

고단한 하루의 시작과 끝에서
잠 속에 흔들리는 팬지꽃 아픔
식탁에 놓인 안개꽃 멍에
그러나 부엌문이 여닫기는 지붕마다
여자가 받쳐든 한 식구의 안식이
아무도 모르게
죽음의 잠을 향하여
거부의 화살을 당기고 있다.

차라리 남이 낫지!

이른바 '홈드라마'(대표적으로 밤 8시 30분 정도부터 9시 뉴스 하기 전까지 방영하는 드라마)를 보면 자주 등장하는 캐릭터가 있다. 한마디로 정리하면 '인내와 헌신의 덕목을 지닌 큰며느리'라고 할 수 있는 역할. 그녀는 가족의 행복을 위해 몸과 마음을 다 바친다. 오로지 시부모와 남편, 자식들을 위해 사는 걸로 보이는데, 중요한 건 다른 가족들은 그녀의 이런 희생을 아주 오래전부터(久) 이어온 '자명'한 것으로 받아들인다는 점이다. 그 시간대에 방영하는 TV 프로그램 특유의 보수성을 감안하더라도 나는 이런 드라마가 정말 싫다. 누군가의 일방적인 희생으로 얻어지는 행복이란 것이 과연 진짜 행복일까 하는 의구심이 들면서 말이다. 시인의 말대로 그 행복은 '죽음의 잠을 향하여' 가고 있는 안식 그 이상도 그 이하도 아닌 것이다.

가끔 지금 내 나이의 엄마를 떠올려볼 때가 있다. 엄마는 이미 자식이 셋이었고, 할머니를 포함해 결혼 전의 삼촌과 고모까지 함께 사는 대가족의 살림을 맡고 있었다. 대충 가늠해보아도 엄마가 감당해야 했던 가사 노동의 양은 어떻게 한 사람이 그걸 다 할 수 있었을까 싶게

미스터리할 정도로 막대했다. 몸만 고된 것이 아니라 모르긴 몰라도 각종 관계에서 오는 스트레스도 엄청났으리라. 그럼에도 불구하고 어린 내 눈에도 다른 가족들은 엄마의 고단함에 대체로 무심해 보였다. 추측건대 당시 엄마에게 가족은 때때로 남보다 못했을 것이다.

지금의 내가 그때의 엄마를 가슴 아파하는 이유는 그 모든 것을 견뎠다는 사실보다 자신의 일을 그녀가 너무나 당연하게 받아들이는 것처럼 보였기 때문이다. 만약 지금의 내가 타임머신을 타고 그때로 돌아갈 수 있다면 그러한 상황을 두고만 보지는 않을 것이다.

문득 이런 말을 하고 있는 내가 참으로 가증스럽게 느껴진다. 아직도 김치 떨어지면 엄마한테 전화하는 딸년 주제에 참 입만 살았다는 생각이 들어 살짝 마음 한구석이 찔리는 것이다. 뭐 그렇더라도 난 가끔 어떤 욕망에 사로잡힌다. 세상에서 엄마를 가장 이해하고 사랑하는 사람이 나였으면, 그리고 엄마가 세상에서 가장 믿고 아끼는 사람이 나였으면 하는 욕망에. 엄마에겐 남편도 있고, 나 말고도 자식이 둘이나 더 있으며, 친동기들도 있다. 그러니 내 이런 욕망이 얼마간은 유아적이고 배타적이라는 걸 안다. 하지만 어쩌겠는가. 이 욕망은 나도 어쩔 수 없는 것을.

독(毒)을 차고

⌟ 김영랑 ⌞

내 가슴에 독을 찬 지 오래로다.
아직 아무도 해한 일 없는 새로 뽑은 독
벗은 그 무서운 독 그만 흩어버리라 한다
나는 그 독이 선뜻 벗도 해칠지 모른다 위협하고,

독 안 차고 살아도 머지않아 너 나마저 가 버리면
수억 천만 세대가 그 뒤로 잠자코 흘러가고
나중에 땅덩이 모지라져 모래알이 될 것임을
"허무한듸!" 독은 차서 무엇하느냐고?

아! 내 세상에 태어났음을 원망 않고 보낸
어느 하루가 있었던가. "허무한듸!" 허나
앞뒤로 덤비는 이리 승냥이 바야흐로 내 마음을 노리매
내 산 채 짐승의 밥이 되어 찢기우고 할퀴우라 내맡긴 신세임을

나는 독을 차고 선선히 가리라.
막음 날 내 외로운 혼(魂) 건지기 위하여.

착함과 독함

사람도 착하기만 해서는 안 됩니다. 착함을 지킬 독한 것을 가질 필요가 있어요. 마치 덜 익은 과실이 자길 따 먹는 사람에게 무서운 병을 안기듯이, 착함이 자기 방어 수단을 갖지 못하면 못된 놈들의 살만 찌우는 먹이가 될 뿐이지요. 착함을 지키기 위해서 억세고 독한 외피를 걸쳐야 할 것 같습니다.

— 전우익, 《혼자만 잘 살믄 무슨 재민겨》(현암사, 1993) 중에서

한 사람의 가슴에 독을 품게 하는 가장 강력한 씨앗은 뭘까. 무언가를 이루고 말겠다는 결심과 오기일 수도 있지만, 적대적인 무언가에 대한 분노일 수도 있다. 전자의 경우엔 별 문제가 되지 않지만 후자의 경우는 때때로 위험하다. 분노라는 건 상대를 해하기 전에 결국 자신을 먼저 해할 수 있으므로.

하지만 또한 분명한 건 분노도 분노 나름이라는 사실이다. 남을 공격하기 위한 분노도 있지만 자신을 방어하기 위한 분노도 있으므로. 탐

욕스러운 강자에 대항하기 위한 약자의 분노는 자존심이자 정당방위이므로.

김영랑 시인이 이 시를 발표한 때는 1939년, 일제의 탄압이 본격적으로 극심해지던 시기다. 제국주의의 탐욕과 횡포 앞에서 식민지 백성으로 살아야 했던 시인, 그가 품었던 독은 '외로운 혼', 즉 자신의 내면을 지키기 위한 최소한의 방어 장치였다.
그런데 이 독을 유지하는 것은 결코 쉬운 일이 아니다. 이 독은 타협이라는 달콤한 유혹 앞에, 허무주의라는 그럴듯한 논리 앞에 금방이라도 무너질 수 있다. '좋은 게 좋은 거'라는 말은 그 '좋은 게' 사람마다 다르다는 엄연한 사실을 무시한 채 기만적인 타협과 화합을 부추긴다. 또한 이 광대한 우주 안에서, 이 영원한 시간 속에서 지금 내가 품고 있는 독은 아무것도 아니라는 허무주의는 때때로 큰 위안으로 다가온다. 그렇지만 그것은 어디까지나 진통제일 뿐, 치료약이 될 수는 없다. 자신의 생존과 자존을 위협당하는 상황('앞뒤로 덤비는 이리 승냥이')에서 아무 방책도 궁리하지 않은 채 빠지는 허무주의야말로 허무 그 자체다.

보통 어떤 사람을 착하다고 하는가. 혹시 거절을 잘 못 하고, 주장이 강하지 않으며, 누구에게나 친절한 사람을 착하다고 여기지는 않는가. 옳음에 대한 분별이 없는 착함, 마땅히 분노해야 할 대상에 대해 분노하지 않는 착함에 대해 생각해본다. 이러한 착함이 탐욕스러운 강자에게 얼마나 맛있는 먹이가 될 것인지에 대해서도 생각해본다. 약자의 분노를 키우는 토양은 결국 강자의 탐욕이다. 분노는 분노 나름이지만 탐욕은 그냥 탐욕일 뿐이다. 우리가 착하면서도 독해져야 하는 이유다.

껍데기는 가라

신동엽

껍데기는 가라.
4월도 알맹이만 남고
껍데기는 가라.

껍데기는 가라.
동학년 곰나루의, 그 아우성만 살고
껍데기는 가라.

그리하여, 다시
껍데기는 가라.
이곳에선, 두 가슴과 그곳까지 내논
아사달 아사녀가
중립의 초례청 앞에 서서
부끄럼 빛내며
맞절할지니

껍데기는 가라.
한라에서 백두까지
향그러운 흙가슴만 남고
그, 모오든 쇠붙이는 가라.

아름다운 선동

바야흐로 '설득'이 중요한 시대다. 민주주의는 강압이 아닌 설득에 의한 소통을 기반으로 한다. 게다가 남의 주머니에서 돈 나오게 하는 것에 먹고사는 문제가 달린 자본주의 사회가 아닌가. 그러니 이 땅에서 잘살기 위해서는 설득을 위해 고군분투할 수밖에 없고, 또한 원치는 않아도 수많은 종류의 설득에 노출될 수밖에 없다(가끔은 이 설득이란 것 자체가 공해로 느껴질 만큼).

'껍데기는 가라'가 제목까지 포함해 모두 일곱 번이나 아주 단호한 명령조로 반복되고 있는 이 시는 설득이 아닌 '선동'에 가까워 보인다. '껍데기'는 무엇인가. 껍데기는 알맹이가 아닌 것, 겉만 번지르르한 것, 진실을 가리는 그 무엇이다. 사실 우리가 살고 있는 이 세상은 얼마나 많은 껍데기들로 둘러싸여 있는 곳인가. 시인은 껍데기가 무엇인지 직접 말하고 있지는 않지만 껍데기의 반대편에 '4월'과 '동학년 곰나루'를 놓았다. 즉 4·19 혁명이 상징하는 민주주의 정신과 동학농민혁명이 상징하는 민족주의 정신을 알맹이라고 본 것이다.

선동이 아름답기는 쉽지 않다. 투쟁 구호가 예술이 되기 어려운 것처럼. 그럼에도 이 시는 단순한 어휘와 간결한 구조를 바탕으로 한 특유의 힘이 느껴진다. 이 시를 소리 내어 읽다 보면 마치 세상의 온갖 껍데기들은 날려 보내고 알맹이들은 불러들이는 주문을 외우는 느낌을 받는다.

선동을 좋아하지는 않지만 아주 가끔은 설득이 아닌 선동에 취하고 싶다. 다만 그때의 선동은 적어도 이 시처럼 아름다워야 한다. 좋은 선동이 좋은 예술은 아니지만 좋은 예술은 그 자체로 좋은 선동임을 이 시는 보여준다.

그대들이 아는, 그대들의 전체의 일부인 나.
힘에 겨워 힘에 겨워 굴리다 다 못 굴린,
그리고 또 굴려야 할 덩이를 나의 나인 그대들에게 맡긴 채,
잠시 다니러 간다네. 잠시 쉬러 간다네.

전태일의 유서 중에서

바닷가 햇빛 바른 바위 위에
습한 간(肝)을 펴서 말리우자.

코카서스 산중에서 도망해 온 토끼처럼
둘러리를 빙빙 돌며 간을 지키자.

내가 오래 기르는 여윈 독수리야!
와서 뜯어 먹어라, 시름없이

너는 살찌고
나는 여위어야지, 그러나

거북이야!
다시는 용궁의 유혹에 안 떨어진다.

프로메테우스 불쌍한 프로메테우스
불 도적한 죄로 목에 맷돌을 달고
끝없이 침전하는 프로메테우스

정신 차린 토끼와 지독한 프로메테우스

도대체 토끼는 왜 용궁에 갔단 말인가. 자라의 감언이설 때문이라는 설명은 과연 정확한 대답인가. 토끼를 용궁으로 이끈 것은 외부의 유혹이 아닌 토끼 자신의 욕망이다. 토끼는 자라에게 강제로 끌려간 것이 아니라 제 발로 갔다. 그의 내면에 있던 물질적 풍요와 일신의 편안함을 향한 지극히 세속적인 욕망, 그리고 자신을 둘러싼 구질구질한 현실에서 도피하고 싶은 욕망이 그의 팔랑귀를 펄럭이게 했다. 그러나 진정한 파라다이스라 믿었던 그곳은 알고 보니 무능하고 탐욕적인 용왕과 온갖 권모술수를 부리는 대신들로 이루어진 비정한 세계. 그는 거기에서 죽음을 강요받는다.

다행히 토끼는 기지를 발휘해 목숨을 건진다. 하지만 그는 용왕에 의해 자신의 존재 자체를 부정당했다. 강자의 탐욕을 위해 도구적 수단이 되어버린 토끼. 따라서 크게 훼손된 그의 자존심(간)은 반드시 회복되어야 한다. 바로 이것이 토끼가 '습한 간'을 '햇빛 바른 바위 위에' 말려야 하는 이유, 그리고 그것을 '둘러리를 빙빙 돌며' 지켜야 하는 이유다. 무엇보다도 이제 토끼는 정신을 차려야 한다! 다시는 '용궁의 유혹에 안 떨어진다'며 스스로에게 다짐해야 한다.

프로메테우스, 그는 왜 천상의 불을 훔쳐 인류에게 가져다주었을까. 인류는 덕분에 추위에서 해방되고 다른 동물보다 우위에 설 수 있었지만, 정작 그는 그 일로 제우스 신의 분노를 산 나머지 끔찍한 형벌을 받는다. 코카서스 산에 있는 바위에 묶여 독수리에게 간을 쪼아 먹히는 벌을. 게다가 그 간은 쪼아 먹혀도 매일 새로 생겨나 그의 고통은 끝없이 이어진다. 그는 자신이 이렇게 될 줄 알았을까, 몰랐을까. 그런데 말이다, 둘 중 어느 쪽이든 간에 아주 간혹 이런 사람이 있다. 많은 이들에게 행복을 가져다주는 일을 하지만 정작 자신은 끝없는 고통 속에 빠지는 고귀한 영혼이. 게다가 이 시의 프로메테우스는 신화의 프로메테우스보다 더 지독하다. 원래 신화에서 독수리는 그에게 고통만을 주는 존재인데, 이 시에서 독수리는 '내가 오래 기르는 여윈' 존재다. 즉 독수리는 내 안의 정신적 자아로서 육체적 자아인 나를 끊임없이 각성시키며 성찰하게 만드는 존재인 것. 프로메테우스는 독수리에게 자신의 간을 뜯어 내줌으로써 고통을 '당한다'기보다는 고통을 '선택'한다.

내가 초등학생 때 조용필의 〈킬리만자로의 표범〉이라는 노래가 크게 인기를 얻었다. 이 노래는 지금도 여전히 많은 이들의 기억 속에 강렬하게 남아 있으며 간간이 TV나 라디오에서 흘러나온다. 당시 나는 '먹이를 찾아 산기슭을 어슬렁거리는 하이에나를 본 일이 있는가'로 시작되는 이 노래의 엄청나게 긴 가사를 모두 외우고 다녔다. 지금 생각하면 꼬마가 뭘 안다고 그 긴 가사를 읊조렸는지 피식 웃음이 나오는데, 그 가사 중 나에게 가장 인상적이었던 구절은 바로 '내가 지금 이 세상을 살고 있는 것은 21세기가 간절히 나를 원했기 때문이야'였다. 나는 이 대목을 중얼거릴 때마다 '정말 21세기가 나를 원하고 있을까?'를 자문하며 자못 심각해지곤 했다(1980년대만 해도 21세기는 정말 먼 미래처럼 느껴졌다!).

시간이 흘러 공교롭게도 21세기가 시작된 첫해에 난 교사가 되었다. 그리고 지켜야 할 간을 지키는 것이, 내줘야 할 간을 내주는 것이 얼마나 많은 인내와 용기를 필요로 하는 일인지를 알게 되었다.

광야

이육사

까마득한 날에
하늘이 처음 열리고
어데 닭 우는 소리 들렸으랴

모든 산맥들이
바다를 연모해 휘달릴 때도
차마 이곳을 범(犯)하던 못하였으리라

끊임없는 광음(光陰)을
부지런한 계절이 피어선 지고
큰 강물이 비로소 길을 열었다

지금 눈 내리고
매화 향기 홀로 아득하니
내 여기 가난한 노래의 씨를 뿌려라

다시 천고(千古)의 뒤에
백마 타고 오는 초인이 있어
이 광야에서 목놓아 부르게 하리라

잊을 수 없는 인격

천지창조의 장엄한 순간부터 산맥이 형성되는 과정을 지나 비로소 인간 역사의 시간으로 진입하는 시의 전반부를 읽다 보면 수십만 배 속 카메라로 찍은 장관을 보는 것 같다. 이 장구한 시간의 파노라마가 펼쳐지는 곳은 바로 '광야'라는 광대하고 신성한 공간이다.
이 광야의 현재 상황은 좋지 않다. '눈 내리고'에서 알 수 있듯이 모든 생명이 움츠리고 있는 혹독한 시간이다. 그럼에도 시인은 이곳에 '가난한 노래의 씨'를 뿌리겠다고 한다. '가난한 노래의 씨'라니. 왜 '노래'가 아닌 '노래의 씨'이며, 게다가 '가난한 노래의 씨'란 말인가. 시인은 열매를 거두는 것이 아닌 씨를 뿌리는 것을 자기 몫으로 인식하고 있다. 그리고 그 일은 추운 광야에 혼자 서서 참으로 미약한 힘으로 하기에 가난하다. 실제로 이 노래를 목 놓아 부르는 사람은 자신이 아닌 '백마 타고 오는 초인'이 될 것이기에.

사람들이 씨를 뿌리는 것은 그 열매를 거두려는 목적이 있기 때문이다. 씨를 뿌리기보다 열매를 거두는 사람이 되고 싶은 것은 인지상정이 아닌가. 씨를 뿌리는 수고로움은 고달픈 법이고, 열매를 거두는 성취감은 달콤한 법이니. 하지만 아주 간혹 어떤 이들은 열매를 얻게 되리라는 그 어떤 희망이나 기약도 없이 다른 사람을 위해, 자신이 속한 공동체를 위해 기꺼이 그 수고로움을 마다하지 않는다.

한 사람이 참으로 보기 드문 인격을 갖고 있는가를 알기 위해서는 여러 해 동안 그의 행동을 관찰할 수 있는 행운을 가져야만 한다. 그 사람의 행동이 온갖 이기주의에서 벗어나 있고 그 행동을 이끌어가는 생각이 더 없이 고결하며, 어떤 보상도 바라지 않고 그런데도 이 세상에 뚜렷한 흔적을 남겼다면 우리는 틀림없이 잊을 수 없는 한 인격을 만났다고 할 수 있다.

— 장지오노, 《나무를 심은 사람》(김경온 옮김, 두레, 2005) 서문 중에서

장 지오노의 표현을 빌리자면 이육사 시인이야말로 '잊을 수 없는 한 인격'이 아니었을까. 그의 본명은 이원록. 육사라는 필명은 그가 독립운동을 하다 감옥에 들어갔을 때 받았던 수인 번호 264(혹은 64)에서 따온 것이라는 사실은 널리 알려져 있다. 그는 독립운동으로 총 열일곱 번 수감되었고, 심한 고문을 받았으며, 광복 1년 전인 1944년 1월에 만 40세의 나이로 북경의 감옥에서 옥사했다. 시대의 칼바람을 온몸으로 맞으며 '가난한 노래의 씨'를 뿌렸던 이 고결한 영혼은 결국 그 노래를 목 놓아 부르지 못했다. 대신 이 장엄하고 아름다운 대작을 우리에게 남겨주었다.

묘비명

⌐ 김광규 ¬

한 줄의 시는커녕
단 한 권의 소설도 읽은 바 없이
그는 한 평생을 행복하게 살며
많은 돈을 벌었고
높은 자리에 올라
이처럼 훌륭한 비석을 남겼다
그리고 어느 유명한 문인이
그를 기리는 묘비명을 여기에 썼다
비록 이 세상이 잿더미가 된다 해도
불의 뜨거움 굳굳이 견디며
이 묘비는 살아남아
귀중한 사료(史料)가 될 것이니
역사는 도대체 무엇을 기록하며
시인은 어디에 무덤을 남길 것이냐

배워서 남 주자!

내가 초등학교(물론 그때는 '국민학교'였다) 5학년 때로 기억한다. 온 나라가 공포에 휩싸였다. 이름하여 '금강산 댐'! 북한이 금강산에 댐을 짓고 있는데, 그 댐의 물을 방류하면 63빌딩의 반이 잠기면서 서울 시내 전체가 물바다가 된다는 말이 신문과 방송을 도배했다. 곧바로 '북괴 정권'에 대한 규탄 대회가 이어졌고, 금강산 댐에 대항할 수 있는 '평화의 댐'을 건설할 대국민 성금 모금 운동이 벌어졌다. 초등학생도 예외일 수 없어서 저금통을 깼고, 운동장에서 규탄 대회를 해야 했다. 그때 담임선생님은 운동장에 나가기 전에 교실에서 규탄 대회 예행 연습을 시켰다. 나는 당장 우리나라가 어떻게 될까 봐 무서웠지만(지금 생각하면 이 무슨 황당 코미딘가 싶지만 그때 난 초등학생이었다!), 그 무서움과는 별도로 선생님이 나눠준, 우리가 목청껏 외쳐야 할 구호는 좀 코믹한 느낌이 들었다. 내용은 잘 생각이 나지 않지만 아마도 너무 원색적이고 조악한 문체가 순간 웃기게 보였을 것이다. 아무리 그렇더라도 이렇게 심각한 상황에서는 소리 내어 웃으면 안 된다는 눈치와 지각 정도는 있었다. 다만 본능적으로 입꼬리가 살짝 올라가면서 소리 없이 웃어지는 건 나도 어쩔 수 없었다.

사건은 그때 벌어졌다. 갑자기 분필 지우개가 날아와 내 머리를 강타하더니 분필가루가 얼굴과 머리카락과 옷에 내려앉았다. 그러면서 들리는 말 "너 이 새끼! 지금이 어떤 상황인데 웃고 있어? 너 미쳤어? 엉?"

그 순간 나는 어찌할 바를 몰랐다. 순식간에 당한 일이었고 도대체 내가 뭘 잘못했는지 전혀 떠오르지 않으면서 머릿속이 멍해졌다. 그때 만 열 살이던 나는 모멸감이 무엇인지를 알았고, 모멸감 때문에 사람이 죽고 싶어질 수도 있다는 걸 깨달았으며, 그 모멸감을 나에게 안긴 사람을 매일 봐야 한다는 현실이 괴로웠고, 분노와 함께 밀려드는 설명할 수 없는 슬픔으로 진저리쳤다.

2년이 지나 나는 중학생이 되었고, 5공화국 비리 청문회가 있었으며, 금강산 댐 사건은 희대의 대국민 사기극으로 결론이 났다. 그걸 보면서 제일 먼저 내 머릿속에 떠오른 건 전두환이 아니었다. 바로 2년 전 그 담임교사의 얼굴이었다. 그리고 그 순간, 2년 전의 분노와 슬픔은 경멸로 재무장되었다.

어렸을 적 어른들은 공부를 열심히 하지 않는 아이들에게 이렇게 말하곤 했다. "배워서 남 주냐?" 그렇지만 이 얼마나 부당한 말인가. 이 말엔 배움이라는 것이 철저하게 이기적인 용도로만 활용될 수 있다는 위험하고도 졸렬한 인식이 깔려 있다. 조금만 이성적으로 사고한다면 배움은 궁극적으로 '나눔'이 되어야 하지 않겠는가.

많이 배우고 그 배움을 사회적으로 인정받은 사람을 흔히 지식인이라고 한다. 하지만 많이 배웠다고 어찌 지식인이 될 수 있을까. 지성이란 사물과 현상의 본질을 제대로 볼 수 있는 '안목'을 가지고, 자신과 세계 사이의 관계를 끊임없이 '성찰'하여, 그 바탕 위에서 '행동'하는 것. 이러한 지성을 갖고 있는 사람만이 지식인으로 불릴 자격이 있다.

세속적인 기준에선 성공한 삶을 살았으나 정신적으로 가치 있는 삶을 살았다고 보기는 어려운 '그'. 그런 '그'를 찬양하는 묘비명을 쓴 '어느 유명한 문인'. 이 사회엔 이렇게 경멸을 받아 마땅한 '무늬만 지식인'들이 차고 넘친다.

교사가 되어 지하철을 타고 첫 출근을 하는 날 아침, 문득 내 머릿속에 떠오른 건 이 초등학교 5학년 때의 기억이었다. 그때 난 이런 다짐을 했다. 존경받는 스승이 되리라는 분수 넘치는 욕심 따위는 버리자. 다만 적어도 훗날 내가 가르친 학생들에게 경멸받는 선생은 되지 말자.

폭포

⌟김수영⌞

폭포는 곧은 절벽을 무서운 기색도 없이 떨어진다.

규정할 수 없는 물결이
무엇을 향하여 떨어진다는 의미도 없이
계절과 주야를 가리지 않고
고매한 정신처럼 쉴 사이 없이 떨어진다.

금잔화도 인가(人家)도 보이지 않는 밤이 되면
폭포는 곧은 소리를 내며 떨어진다.

곧은 소리는 소리이다.
곧은 소리는 곧은
소리를 부른다.

번개와 같이 떨어지는 물방울은
취할 순간조차 마음에 주지 않고
나타(懶惰)와 안정을 뒤집어 놓은 듯이
높이도 폭도 없이
떨어진다.

제 피에 취한 늑대가 되지 않기 위해

정확히 몇 살 때였는지는 모르겠지만 처음 폭포를 봤을 때가 떠오른다. 그때의 느낌을 요약하면 바로 '무서움'이었다. 주위에 있던 어른들이 그 장관을 보며 감동의 탄성을 지르는데도 나는 폭포가 멋있기 보다는 가슴이 서늘해질 정도로 무서웠던 기억이 난다.

폭포는 한마디로 '떨어지는 물'이다. 물의 떨어짐은 곧 수많은 물방울의 부서짐이다. 만일 어떤 사람이 이 물과 같은 존재라면 그는 온 몸이 부서지는 고통을 기꺼이 감수하는 정말 독하고 무서운 사람이다. 그러고 보니 물소리는 물방울이 서로 부딪쳐 깨지고 부서지는 소리라고 했던 말이 기억난다. 사람들이 흔히 맑고 시원하다고 느끼는 그 소리가 사실 물에겐 깨지고 부서지는 소리였다니.

얼마 전 어떤 책에서 에스키모들의 늑대 사냥법에 대한 내용을 읽었다. 늑대의 고기와 모피가 중요한 생계 수단인 에스키모들은 늑대를 직접 사냥하지 않는다고 한다. 대신 얼음 바닥에 다른 동물의 피를 묻힌 칼을 거꾸로 꽂아놓고 숨는다. 그러면 늑대가 냄새를 맡고 제

발로 다가와 칼을 핥기 시작한다. 늑대들은 처음에는 칼날에 묻은 피만 핥지만 차츰 칼날을 핥게 되고, 결국에는 칼날에 혀를 베이게 된다. 그런데 이미 피 맛에 취한 늑대는 그 피가 자신의 피인 줄 모르고 계속해서 핥아댄다. 몸에서 피가 흘러나오므로 점점 더 목이 마른 늑대들은 더욱 격렬하게 피를 핥아먹고, 얼마 지나지 않아 과다출혈로 한 마리씩 쓰러져 죽어간다. 에스키모들은 그때서야 천천히 다가와 죽은 늑대들을 가져가기만 하면 된다고 한다.

이걸 읽는데 난 늑대가 내 모습인 것 같았다. 늑대가 칼날에 혀를 베이면서도 자신의 피 맛에 취하는 것처럼 '나타와 안정'에 빠져 그 어떤 자기 극복의 노력 없이 매너리즘에 갇혀 하루하루를 살아가고 있는 나. 그것이 결국은 나 자신의 삶을 조금씩 갉아먹는 칼날인 줄도 모르고 안락한 행복이라 믿으면서 말이다. 그러니 나는 가끔 폭포를 볼 필요가 있다. 감히 폭포가 될 엄두는 못 내더라도.

곧은 소리는 소리이다.
곧은 소리는 곧은
소리를 부른다.

담쟁이

　└ 도종환 ┘

저것은 벽
어쩔 수 없는 벽이라고 우리가 느낄 때
그때
담쟁이는 말없이 그 벽을 오른다
물 한 방울 없고 씨앗 한 톨 살아남을 수 없는
저것은 절망의 벽이라고 말할 때
담쟁이는 서두르지 않고 앞으로 나아간다
한 뼘이라도 꼭 여럿이 함께 손을 잡고 올라간다
푸르게 절망을 다 덮을 때까지
바로 그 절망을 잡고 놓지 않는다
저것은 넘을 수 없는 벽이라고 고개를 떨구고 있을 때
담쟁이 잎 하나는 담쟁이 잎 수천 개를 이끌고
결국 그 벽을 넘는다

절망을 넘어가는 방법

우리가 살고 있는 이 땅이 경쟁사회라는 건 이의를 제기할 수 없는 현실로 보인다. 그런데 도무지 이해할 수 없는 건 이 경쟁이라는 것이 사회를 움직이는 유일한 잣대여야 하는 것처럼, 심지어 무슨 숭고한 가치나 고결한 미덕인 것처럼 추앙되는 풍토다. 물론 경쟁이 때때로 필요하다는 데는 나 역시 동의한다. 그렇지만 무언가가 필요하다고 해서 그것이 곧 옳은 것이라는 사고는 가장 천박한 수준의 실용주의일 뿐이다.

어찌 됐든 이러한 경쟁사회에서 살다 보니 누구나 앞서 가는 사람이 되고 싶어 한다. 이 땅의 학부모들은 자기 자식을 반드시 '혼자 1등으로 벽을 넘어가는 담쟁이 잎'으로 만들어야 한다는 종교 수준의 믿음을 갖고 있다. 그래서 그럴까? 언제부턴가 우리 사회는 '리더'로 넘쳐나고 있다. 직장에선 리더십 양성 프로그램이 수시로 행해지며, 서점에 가보면 제목에 '리더'가 들어간 책들이 한가득 깔려 있다. 아직 초등학교에 들어가지도 않은 아이들이 '리더십 학원'이라는 곳을 다닌다고 한다. 그런데 누구나 이렇게 리더(이끄는 자)가 되려고 한다면 도대체 누가 팔로어(따르는 자)가 된다는 걸까. 어차

피 경쟁사회니 경쟁에서 이긴 사람은 리더가 되고, 진 사람은 팔로어가 되라는 것일까.

담쟁이는 '물 한 방울 없고 씨앗 한 톨 살아남을 수 없는' '절망의 벽'을 '한 뼘이라도 꼭 여럿이 함께 손을 잡고 올라간다'. 지금 이 땅에 사는 우리가 미친 듯이 경쟁하며 벽을 넘으려고 할 때, 담쟁이는 오로지 굳건한 공동체적 연대와 우정의 힘으로 벽을 넘는다.

만일 천국이 있다면 어떤 곳일까. 흔히 천국을 그 어떤 벽도 없는, 그 어떤 장애와 절망도 없는 곳으로 묘사한다. 하지만 과연 그럴까. 그곳에도 크고 작은 벽들은 있을 것이다. 다만 그곳의 사람들은 그 벽을 담쟁이처럼 넘어갈 것이다.

에필로그

詩, 진실하고 필요하며 친절한 말

이슬람 원리주의자들의 경전엔 '지금 내가 하려는 말이 세 가지 관문을 통과했는가'를 미리 점검해보라는 가르침이 있다고 한다.

    첫 번째 관문 : 그 말이 진실한가.
    두 번째 관문 : 그 말이 필요한가.
    세 번째 관문 : 그 말이 친절한가.

말을 하기 전에 이 세 가지 관문을 거치라는 건 사실상 가급적 말을 적게 하라는 가르침일 게다. 생각해보면 '말을 많이 하라'고 가르치는 종교는 세상에 없는 듯하다. 확실히 말을 많이 하면 할수록 실수할 확률이 높아지고, 그로 인해 분란을 일으키고 죄를 짓게 될 가능성이 있는 걸 감안하면 충분히 이해가 된다.

그런데 난 이런 가르침을 떠나 저 세 가지 관문이 매우 흥미롭게 다가온다.
먼저, 진실함. 흔히 "역사는 '사실'을 기술하고 문학은 '진실'을 이야기한다"고 말한다. 그런데 '순도 100퍼센트 사실'이란 도대체 뭘까. 정말 그런 것이 존재하기는 할까. 살다 보면 이런 회의에 빠질 때가 있다. 어쩌면 진실이란 이런 의심을 버리지 않으면서도 사실 자체에 다가가려는 진지한 마음, 그 사실에서 질서와 의미를 찾아보려는 열망이 끝내 도달할 수 있는 어떤 경지가 아닐까.
두 번째로 필요함. 사실 필요는 '실용'의 범위와 수준을 넘어서는 그 무엇이다. '인간은 필요의 피조물이 아니라 욕망의 피조물'이라고 바슐라르가 말했던가. 이 욕망을 '의미'라고 해도 좋고, 아니면 '재미'

나 '감동'이라고 해도 좋다. 즉 진정한 필요는 인간만이 느낄 수 있는 욕망과 의미, 재미와 감동을 모두 포괄하는 개념일 것이다.

마지막으로 친절함. 언뜻 이 친절함을 일종의 '성격'으로만 생각할 수 있다. 따뜻하고 상냥한 말투, 칭찬하려는 마음, 뭐 이런 거 말이다. 하지만 언어활동에서의 친절함이란 단순히 이런 것들이 아니다. 이 세상엔 나긋나긋한 말투로 말해지는 허황된 말, 즉 '빈말'이 얼마나 많은가. 적어도 나에게 친절한 말이란 '간절한' 말이다. 내 생각과 느낌을 누군가에게 전달하고 싶은 간절한 마음이 친절함이다.

이 세상은 온갖 말들로 넘쳐난다. 때때로 이 말들이 그 자체로 극심한 공해로 느껴질 만큼. 이럴 때 누군가가 나에게 진실하고 필요하며 친절한 말을 들려준다면 얼마나 좋을까. 그리고 나에게 시는 이런 말이다. 시는 그 자체로 진실하고 필요하며 친절한 (보너스로 경제적이면서 새롭기까지 한) 말이며, 진실하지도 않고 필요하지도 않고 친절하지도 않은 말들로 지치고 상처 받은 마음을 따뜻하게 위무하는 마법의 말이다.

사람들이 자꾸만 아름다운 것을 보려고 하는 이유는 뭘까. 아마도 그걸 통해 자신 또한 아름다워지고 싶어서가 아닐까. 우리가 시를 읽고 또 읽어야 하는 이유도 시가 우리를 아름답게 만들어주기 때문이다. 다만 이 아름다움은 그저 '보기에 예쁜 것'을 의미하지는 않는다. 시의 아름다움이란 이런 피상적 아름다움이 아닌 '아름다워지려는 마음' 자체에 있다. 그리고 그 마음은 어쩔 수 없이 '선함'과 불가분의 관계에 있다. 얼마 전 개봉한 이창동 감독의 영화 〈시〉를 보면, 아름다움에 대한 진정한 욕구는 반드시 선함에 대한 윤리와 책임으로 이어진다는 진리를 확인하게 된다. 그 영화를 보면 시가 왜 진실하고 필요하며 친절한 말인지를 저절로 알게 된다.

"예찬할 줄 모르는 사람은 비참한 사람이다. 그와는 결코 친구가 될 수 없다. 우정은 함께 예찬하는 가운데서만 생겨나는 것이기 때문이다"라고 미셸 투르니에는 말했다. 이 책에 실린, '선함을 담보한 아름다움'을 보여주는 50편의 시를 읽으면서 시인의 마음에 공명하고 그들이 부려놓은 언어에 감탄했다면, 서로 얼굴을 모르더라도 우리는 진정한 우정을 나눈 것이다. 그리고 이 우정의 힘으로 우리는 비참해지기 쉬운 이 세상에서 더 이상 비참해지지 않을 수 있다.

2011년 겨울
김경민

작품 출처

1 서시 (이성복) : 《남해금산》 (문학과지성사, 1986)
2 너를 기다리는 동안 (황지우) : 《게 눈 속의 연꽃》 (문학과지성사, 1985)
3 즐거운 편지 (황동규) : 《삼남에 내리는 눈》 (민음사, 1975)
4 바람 부는 날 (김종해) : 《바람 부는 날은 지하철을 타고》 (문학세계사, 1990)
5 어린것 (나희덕) : 《그 말이 잎을 물들였다》 (창비, 1994)
6 빈집 (기형도) : 《입 속의 검은 잎》 (문학과지성사, 1989)
7 서해 (이성복) : 《그 여름의 끝》 (문학과지성사, 1990)
8 진달래꽃 (김소월) : 《진달래꽃》 (매문사, 1925)
9 선운사에서 (최영미) : 《서른, 잔치는 끝났다》 (창비, 1994)
10 원시 (오세영) : 《오세영 시전집》 (랜덤하우스코리아, 1992)
11 꽃 (김춘수) : 《꽃의 소묘》 (백자사, 1959)
12 그 복숭아나무 곁으로 (나희덕) : 《어두워진다는 것》 (창비, 2001)
13 사랑법 (강은교) : 《풀잎》 (민음사, 1974)
14 강 (황인숙) : 《자명한 산책》 (문학과지성사, 2003)
15 병원 (윤동주) : 《하늘과 바람과 별과 시》 (정음사, 1948)
16 자화상 (서정주) : 《시건설》 (1939.10)
17 일찍이 나는 (최승자) : 《이 시대의 사랑》 (문학과지성사, 1981)
18 거울 (이상) : 《가톨릭청년》 (1933.10)
19 등 (이형기) : 《별이 물 되어 흐르고》 (미래사, 1991)
20 난 나를 본 적이 없다 (이승훈) : 《이것은 시가 아니다》 (세계사, 2007)
21 가는 길 (김소월) : 《진달래꽃》 (매문사, 1925)
22 밤에 용서라는 말을 들었다 (이진명) : 《밤에 용서라는 말을 들었다》 (민음사, 1992)
23 질투는 나의 힘 (기형도) : 《입 속의 검은 잎》 (문학과지성사, 1989)
24 어느 날 고궁을 나오면서 (김수영) : 《거대한 뿌리》 (민음사, 1974)
25 울음이 타는 가을 강 (박재삼) : 《춘향이마음》 (신구문화사, 1962)
26 남신의주유동박시봉방 (백석) : 《학풍》 (1948.10)
27 눈물 (김현승) : 《김현승 시초》 (문학사상사, 1957)
28 절정 (이육사) : 《육사시집》 (서울출판사, 1946)
29 꿈, 견디기 힘든 (황동규) : 《나는 바퀴를 보면 굴리고 싶어진다》 (문학과지성사, 1978)
30 생의 감각 (김광섭) : 《현대문학 145호》 (1967.1)
31 슬픔을 위하여 (정호승) : 《슬픔이 기쁨에게》 (창비, 1979)
32 거미 (이면우) : 《아무도 울지 않는 밤은 없다》 (창비, 2001)
33 곡비 (문정희) : 《지금 장미를 따라》 (뿔, 2009)
34 묵화 (김종삼) : 《북 치는 소년》 (민음사, 1979)
35 겨울 강가에서 (안도현) : 《그리운 여우》 (창비, 1997)
36 세상에서 가장 무거운 싸움 2 (김승희) : 《세상에서 가장 무거운 싸움》 (세계사, 1995)
37 독수리 오형제 (권혁웅) : 《마징가 계보학》 (창비, 2005)
38 새도 세상을 뜨는구나 (황지우) : 《새도 세상을 뜨는구나》 (문학과지성사, 1983)
39 팔당대교 이야기 (박찬일) : 《나는 푸른 트럭을 탔다》 (민음사, 2002)
40 이탈한 자가 문득 (김중식) : 《황금빛 모서리》 (문학과지성사, 1993)
41 사랑 (박노해) : 《노동의 새벽》 (풀빛, 1984)
42 슬픔이 기쁨에게 (정호승) : 《슬픔이 기쁨에게》 (창비, 1979)
43 우리 동네 구자명 씨 (고정희) : 《지리산의 봄》 (문학과지성사, 1987)
44 독을 차고 (김영랑) : 《영랑시선》 (시문학사, 1949)
45 껍데기는 가라 (신동엽) : 《신동엽전집》 (창비, 1980)
46 간 (윤동주) : 《하늘과 바람과 별과 시》 (정음사, 1948)
47 광야 (이육사) : 《육사시집》 (서울출판사, 1946)
48 묘비명 (김광규) : 《창작과비평 53호》 (1979, 가을호)
49 폭포 (김수영) : 《거대한 뿌리》 (민음사, 1974)
50 담쟁이 (도종환) : 《당신은 누구십니까》 (창비, 1993)